Tilly Miller

Dramaturgie von Entwicklungsprozessen

Dimensionen Sozialer Arbeit und der Pflege Band 10

Herausgegeben von der Katholischen Stiftungsfachhochschule München
Abteilungen Benediktbeuern und München

Dramaturgie von Entwicklungsprozessen

Ein Phasenmodell für professionelle Hilfe im psychosozialen Bereich

Von Tilly Miller

 Lucius und Lucius · Stuttgart

Anschrift der Autorin:

Prof. Dr. Tilly Miller
Katholische Stiftungsfachhochschule
München
Preysingstr. 83
81667 München
E-mail: t.miller@ksfh.de

Bibliografische Information der Deutschen Nationalbibliothek

Die Deutsche Nationalbibliothek verzeichnet diese Publikation in der Deutschen Nationalbibliografie; detaillierte bibliografische Daten sind im Internet über http://dnb.d-nb.de abrufbar

ISBN 3-8282-0366-3 (ab 2007: ISBN 978-3-8282-0366-2 (Lucius & Lucius)

© Lucius & Lucius Verlagsgesellschaft mbH Stuttgart 2006
Gerokstr. 51, D-70184 Stuttgart
www.luciusverlag.com

Das Werk einschließlich aller seiner Teile ist urheberrechtlich geschützt. Jede Verwertung außerhalb der engen Grenzen des Urheberrechtsgesetzes ist ohne Zustimmung des Verlages unzulässig und strafbar. Das gilt insbesondere für Vervielfältigung, Übersetzungen, Mikroverfilmungen und die Einspeicherung, Verarbeitung und Übermittlung in elektronischen Systemen.

Umschlagabbildung: Brigitte Irmler

Satz: Sibylle Egger, Stuttgart

Druck und Einband: Druckhaus Thomas Müntzer, Bad Langensalza

Printed in Germany

Inhalt

	Einleitung	1
1.	Annäherungen an das Thema	7
2.	Der Unterschied zwischen Veränderung und Entwicklung	15
3.	Innere Antriebskräfte von Entwicklungsprozessen	27
4.	Vier Stufen der Entwicklung	39
5.	Die Up-and-Down-Phase	49
6.	Verdichtungs- und Wendephase	61
7.	Die Entwicklungsphase	65
8.	Die neue Entwicklungsstufe	83
9.	Entwicklungsprozesse professionell unterstützen	85
10.	Lernen und Entwicklung	99
11.	Die helfende Person	107
12.	Stufenmodelle	115
13.	Schluss	119
	Literatur	127

Einleitung

Dieses Buch ist als „Entwicklungs-Helfer" gedacht, und zwar für alle, die Entwicklungsprozesse im psychosozialen Bereich begleiten und fördern, und die Menschen auf ihrem Weg, in Umbruchphasen und Lebenskrisen unterstützen wollen. Angesprochen sind insbesondere SozialpädagogInnen, BeraterInnen, ErwachsenenbildnerInnen, Coachs, SupervisorInnen und MediatorInnen sowie Lehrende und Studierende im Bereich der helfenden Disziplinen.

Die *These* dieses Buches lautet, dass professionelle HelferInnen *Prozesskompetenz* benötigen, um Menschen in ihren Entwicklungsprozessen professionell begleiten zu können. Ich möchte aufzeigen, dass Entwicklungen anhand von Prozessphasen beschreibbar sind, die in sich typische Verlaufsmuster zeigen und die aufeinander bezogen sind. Prozesskompetenz setzt voraus, diese Phasen an ihren Merkmalen und Dynamiken zu erkennen. Prozesskompetenz setzt ebenso voraus, phasenadäquate Hilfeangebote zu machen, d.h. Wahrnehmung, Kommunikation und Deutungen dahingehend zu entwickeln, was die betroffene Person in den einzelnen Phasen der Entwicklung brauchen könnte.

Ziel des Buches ist es, den Leser, die Leserin mit der Dramaturgie von Entwicklungsprozessen vertraut zu machen. Das Buch will eine Lücke schließen, die systemische/systemtheoretische Ansätze im sozialen Bereich in Bezug auf Prozess- und Entwicklungswissen immer noch aufweisen. Es fehlt bislang an Beschreibungs- und Erklärungswissen in Bezug darauf, wie sich Entwicklungsprozesse vollziehen und welche Verlaufslogiken festzumachen sind. Für die systemische Arbeit in der Praxis ist mittlerweile ein breites Methodenrepertoire entwickelt worden, das seine Wurzeln vor allem in der systemischen Therapie und Familientherapie hat. Reframing, zirkuläres Fragen bis hin zu provokativen Formen der Gesprächsführung kommen zur Anwendung. Die Praxis kann auf ein komplexes Wissensrepertoire von System- und Methodenwissen zurückgreifen. In Bezug auf Entwicklungen bleiben aber noch etliche Fragen offen.

Die Tatsache, dass es in der systemischen Arbeit keine Berechenbarkeit, Kausalität oder klare Prognostizierbarkeit gibt, muss nicht heißen, dass es keine Entwicklungsverläufe gibt, die Grundsätzliches erkennen lassen. Selbstverständlich kann es nicht darum gehen, Prozesse vorauszusehen, jedoch darum, typische Dynamiken und Verlaufslogiken wahrzunehmen und damit einhergehend auch den professionellen Handlungsbedarf. In diesem Buch geht es nicht um Rezepte oder enge Schablonen, die man auf Praxisfälle anlegt. Vielmehr geht es um einen modellhaften Entwurf, der Prozessdynamiken einordnen und reflektieren hilft, und der begründete Kriterien für das professionelle Wahrnehmen, Deuten, Verstehen und Handeln anbietet.

Sich zu entwickeln ist eine stetige Aufgabe und Herausforderung für alle Menschen. Wir stehen in einem lebenslangen Entwicklungs-Muss, sei es, weil wir biologisch reifen und altern, sei es, dass sich unsere Bedürfnisse und Wünsche verändern, sei es, dass sich unsere Umwelt verändert und dass sie Anforderungen bereithält, denen wir uns stellen müssen. Niemand kann sich auf Dauer in einer bequemen „Nische" einrichten.

Entwicklungen können herbeigesehnt werden, können sich aber auch leidvoll und schmerzhaft zeigen; sie können Neugier und Mut aktivieren, ebenso Unsicherheit und Angst; sie können neue Sinnperspektiven eröffnen oder auch sinnlos erscheinen; sie können zügig verlaufen wie auch stagnieren. Mit Entwicklungen einher gehen häufig Verlusterfahrungen. Altes und Gewohntes muss aufgegeben werden, um Neuem Platz zu machen. Eine Entwicklung zu machen setzt voraus, sich aus etwas heraus-zu-entwickeln, um sich in etwas Neues hinein-zu-entwickeln. Sie konfrontiert mit dem Unbekannten und geht mit Suchbewegungen einher, die mal schwieriger, mal leichter sind. Entwicklungen verlangen Bewegung und Flexibilität und sie konfrontieren uns möglicherweise mit unserem Starrsinn.

Entwicklungen setzen individuelle Lebensbewältigungskompetenz voraus, jedoch reicht diese nicht aus. Es braucht auch geeignete Umweltbedingungen und Unterstützungen, damit Entwicklungen vollzogen werden können.

Bildlich gesprochen bedeutet Entwicklung ein Haus aufzustocken oder gar einen Trakt abzureißen, vielleicht Räume zu restaurieren oder ganz einfach ein paar Ecken zu ordnen. Entwicklung ist positiv konnotiert und meint ein Voranschreiten. Der Begriff zielt sowohl auf den Prozess wie auch auf das Ergebnis. Aber: Entwicklung kann auch scheitern. Es gibt Prozesse, die regelrechten Abwärtsspiralen gleichkommen. Gerade sie sind es, die HelferInnen intensiv beschäftigen, weil es keinen Knopf gibt, um das Abwärtsdriften aufzuhalten.

Entwicklungswege zu begleiten bedeutet für die Professionellen, den Weg zu erkunden, auf dem sich die zu begleitende Person gerade befindet. Die individuellen Wege sind nicht austauschbar, denn sie sind Teil des biografischen Gewordenseins und des sozialen Eingebundenseins in die je spezifische Umwelt. Die Wege sind vielfältig: Es gibt sandige Wege, in die man einsinkt, harte Asphaltwege, Urwaldpfade, auf denen man den Wald vor lauter Bäumen nicht mehr sieht, ausgetretene Wanderwege, Spießrutenwege, Autobahnen... Jeder Weg braucht nicht nur entsprechende Navigationsinstrumente, sondern auch eine entsprechende Ausstattung und Kondition, um ihn zu gehen oder ihn zu verlassen. Manche Wege müssen gegangen werden! Nicht alle Wege erweisen sich als Entwicklungswege. Wege können auch Sackgassen sein.

Was macht nun professionelle Helferinnen und Helfer zu kompetenten Wegbegleitern? Woran können sie den Entwicklungsverlauf des Weges, den jemand geht, erkennen? Was müssen sie wissen und können, um Entwicklungen zu begleiten, und welche Haltungen werden gebraucht?

Das Wissen über Prozessdynamiken ist aus vielerlei Gründen bedeutsam. Professionelle brauchen es für ihre eigene Deutungs- und Handlungssicherheit, sie brauchen es für die professionelle Gestaltung von Hilfeprozessen und sie benötigen es als argumentatives Rüstzeug, um die berufspolitischen Anforderungen mit Blick auf effizientes Helfen nach menschenwürdigen und realistischen Vorgaben mitsteuern zu können.

Menschen, die in ihren Entwicklungsprozessen, warum auch immer, professionelle Unterstützung suchen oder erhalten, brauchen Menschen, die nicht nur über Problemwissen verfügen, Hilfepläne aufstellen können und soziale Kompetenzen aufweisen, sondern die auch über *Prozesskompetenz* verfügen.

Für kunsthistorisch Interessierte ist es eine Selbstverständlichkeit, beispielsweise Bauwerke in Epochen einzuteilen. Sie wissen dann, ob sie es mit einem Barockbau, einem gotischen Dom, einem klassizistischen Ensemble o.a. zu tun haben. Erst wenn die Architektur in ihrer Form erfasst werden kann, können die einzelnen Details zugeordnet werden. Kaum anders verhält es sich beim Helfen. Je mehr wir von der Architektur, sprich Dramaturgie eines Entwicklungsprozesses verstehen, je mehr wir die Zeichen der Wegetappen, die jemand geht, insbesondere die Verlaufs- und Bewegungsmuster entziffern können, desto besser können wir uns darauf einstimmen.

Das vorliegende Buch bietet den *Entwurf eines Entwicklungs-Modells*, das die komplexen Vorgänge in Zusammenhang mit menschlicher Entwicklung so bündelt, dass Entwicklungsphasen beschrieben werden können, um diese für die helfende Praxis nützlich zu machen. Ein solches Modell kann nur grobrastrig sein, schon gar nicht kann es Kausalitäten formulieren. Es geht nicht um die Frage nach Ursache und Wirkung, sondern es sollen Prozessverläufe und Merkmale aufgezeigt werden, die mit Entwicklung einhergehen. Ein solches Modell lässt sich dann als Analyse- und Interpretationsschema für Entwicklungsprozesse nutzen, um situationsgerechte professionelle Handlungen anzuschliessen. Dabei geht es nicht um richtig oder falsch, sondern darum, welche Hilfe wann und warum Sinn machen könnte. Freilich wird dieses Modell viele Fragen offen lassen müssen, denn keinesfalls hat es den Anspruch, sämtliche Fragen, die sich um Entwicklungsprozesse herum gruppieren, erschöpfend zu beantworten.

Ansatz und methodisches Vorgehen

Die zentrale Denkfigur in diesem Buch gründet in einer systemtheoretischen/ systemischen Perspektive, wie ich sie bereits an anderer Stelle dargelegt habe (Miller 2001).[1] Das hier vorgelegte systemische Verständnis setzt nicht lediglich

---

[1] Zu den systemtheoretischen Ansätzen in der Sozialen Arbeit s.a. Kleve 1996; Merten 2000; Hollstein-Brinkmann/Staub-Bernasconi 2005; Hosemann/Geiling 2005.

auf systemische Interaktion und Kommunikation, sondern setzt die Person ins Zentrum der Betrachtung[2]. Wenngleich ich Niklas Luhmann als einen der bedeutendsten Systemtheoretiker anerkenne, teile ich nicht mit ihm den Ansatz der Randständigkeit der Person, wie er ihn in seiner Systemtheorie konzipierte. Allein die praktische Erfahrung deutet auf die besondere Bedeutung von Personen im System und für Systeme, wenn es um Fragen der Systementwicklung und -stabilisierung geht. Ich schließe mich Humberto Maturana an, wenn er sagt: *"Ohne ein Bewusstsein für die prägende Kraft von Kultur fehlt die Möglichkeit der Reflexion, die es uns erlaubt festzustellen, was wir (aufgrund unserer Entscheidungen) tun und was (aufgrund unserer Herkunft) nur durch uns passiert."* (Maturana/Pörksen 2002, 128).

Insgesamt ermöglicht die systemische Perspektive ein interdisziplinäres, heuristisches Erhellen spezifischer Fragestellungen. Anstatt Abschottung der wissenschaftlichen Disziplinen erfolgt in diesem Buch die Integration von Erkenntnissen aus unterschiedlichen Disziplinen und Perspektiven im Sinne einer gegenseitigen Befruchtung.

Die Frage nach Entwicklungsverläufen ist eine zutiefst menschliche, und deshalb kann diese Frage nicht einseitig angegangen werden. Einseitig wäre es, wenn sie nur wissenschaftlich, oder nur moralisch-ethisch, nur philosophisch, anthropologisch oder nur mythologisch oder religiös beantwortet würde. Deshalb versuche ich einen weiten Bogen zu spannen, um verschiedene Erkenntnisebenen zu integrieren. Dass eine solche Integration spannend und erhellend sein kann, soll dieses Buch zeigen.

Die wissenschaftstheoretische Auseinandersetzung in Bezug auf Entwicklungen und Prozessdynamiken erfolgt in nahezu allen Wissenschaftsbereichen: in den Naturwissenschaften wie auch in den Sozial- und Geisteswissenschaften. Die philosophische Beschäftigung mit Wandlungsprozessen reicht bis in die Antike zu den Vorsokratikern zurück. In den Sozialwissenschaften geht es vor allem um psychosoziale und sozio-kulturelle Entwicklungen. Hier dominieren die heuristischen, die systemischen und hermeneutischen Verfahren der Erkenntnisgewinnung. In den Naturwissenschaften werden die Entwicklungsdynamiken komplexer, nichtlinearer Systeme untersucht. Bekannt geworden sind die Ergebnisse aus der Evolutionsforschung, Thermodynamik und der Chaosforschung. Begriffe wie Entwicklungsdynamiken, Wandel, Chaos und Selbstorganisation stehen für die interdisziplinäre Beschäftigung mit dem Thema Entwicklung. Wir Menschen sind eben nicht nur eine sozial-psychologische Spezies, vernunftbegabt und mit metaphysischen Orientierungen, wir sind nicht nur Kulturträger und –schöpfer, wir sind auch natürliche Lebewesen und müssen uns einreihen in die Kette der biologischen Evolution. Naturwissenschaftliche Erkenntnisse sind sicherlich nicht 1:1 auf psychische, soziale und kulturelle Ebenen zu transformieren, jedoch

---

[2] Vgl. hierzu auch Jürgen Kriz und sein Postulat einer personenzentrierten Systemtheorie (1999, 129).

haben sie einen heuristischen Erkenntniswert und können Inspiration im Sinne der Analogiebildung sein.

Dass neben den Wissenschaften schließlich auch die Bibel Antworten in Sachen Entwicklung zu geben vermag, wird ebenso aufzuzeigen sein wie auch die Tatsache, dass auch Märchen wertvolle Antwortbilder liefern können.

So arbeite ich nicht mit für die Naturwissenschaften typischen Messmethoden, sondern ziehe sozialwissenschaftliche Verfahren heran, die systemisch und heuristisch ausgerichtet sind. Das methodische Vorgehen ist interpretativ, verstehend, explorativ und modellgenerierend angelegt.

Die Grundlage für die Modellentwicklung ist die Analyse und Bearbeitung von dokumentierten Autobiografien. Anhand dieser werden Entwicklungsverläufe identifiziert und Kernaussagen mit Hilfe der zuvor theoretisch erarbeiteten Wissensbestände und Kriterien typologisiert.

Mit Hilfe der Methode der strukturierenden Inhaltsanalyse (vgl. Schaffer 2002, 125ff.) werden auf der Grundlage ausgewählter Autobiografien Antworten in Bezug auf Fragen der Prozessdynamiken und deren Merkmale im Kontext von Entwicklung herausgefiltert. Es wurden solche Texte herangezogen, die persönliche Entwicklungen dokumentieren und die in Bezug auf die beschriebenen Probleme nah an der psychosozialen Praxis sind. Das persönliche Erleben, die gemachten (Entwicklungs-)Schritte und Erfahrungen, sprich die Betroffenenperspektive, stehen im Mittelpunkt. Die Texte wurden nach folgenden Kriterien bearbeitet:

- *Soziales Problem:* Um welche Problematik handelt es sich?

- *Prozessdynamiken und Merkmale:* Welche Phasen, Dynamiken und Merkmale weisen die beschriebenen Lebensbewältigungsprozesse auf und lassen sich diese typologisieren? Welches sind die Bedingungen und Umstände für einen Phasenwechsel?

- *Unterstützung:* Welche Bedeutung hat die Unterstützung durch die Umwelt?

Aus der Inhaltsanalyse wurde ein Modell generiert, das mit einer Kontrollgruppe anhand von Praxisfällen reflektiert wurde. Die zwei männlichen und zwei weiblichen Teilnehmer der Kontrollgruppe sind alle als SozialpädagogInnen in verschiedenen Feldern tätig.

Das biografische Forschen mit Hilfe der Inhaltsanalyse ist eine Methode im Kontext der Qualitativen Forschung. Ausgangspunkt ist, dass wenige Fallbeispiele ausreichen, um Grundsätzliches, Typisches und Verallgemeinerbares aufzuzeigen. Daraus lassen sich dann Schlussfolgerungen für professionelles Handeln ableiten. Die in diesem Buch dargelegten Fallbeispiele sind lediglich eine Auswahl der untersuchten Fälle. Es war mir wichtig, bei den Exempla darauf zu achten, dass die Kategorien Geschlecht, Alter und soziales Problem insofern berücksichtigt wurden, als die Problemträger unterschiedlichen Alters und Geschlechts sind und ganz unterschiedliche Problematiken zu bewältigen hatten. Was die wissenschaftliche Verwertbarkeit autobiographischer Texte betrifft, so bleibt festzuhalten, dass sie lediglich subjektiv konstruierte Darstellungen der eigenen Lebenswirklichkeit sind. Es ist nicht auszuschließen, dass Selbstbeschreibungen einem inneren Bedürfnis unterliegen, das Beschriebene zumindest partiell mit eigenen inneren Wunschbildern, wie man von außen wahrgenommen werden möchte, in Einklang zu bringen. Da die hier zugrunde gelegte Fragestellung jedoch auf die Dramaturgie eines Entwicklungsprozesses zielt, dürfte dieser Einwand von relativer Bedeutung sein. Mit der Beschäftigung von Autobiografien ergibt sich auf jeden Fall eine doppelte Konstruktion: die Konstruktion der Betroffenen mit Blick auf ihr Leben und die begründete Konstruktion der Forscherin, nach welchen Regeln sich im Einzelfall ein Entwicklungsprozess darstellt.

Als Konstrukteurin eines Modells der Entwicklung machte es für mich keinen Sinn, mich lediglich auf Fallgeschichten zu beziehen. Selbstverständlich habe ich das vorgelegte Modell an den eigenen biografischen Entwicklungen geschärft und ich habe es anhand der eigenen beratenden Arbeit insbesondere im Rahmen der Beratung von Führungskräften wie von Studierenden reflektiert.

Das vorliegende Buch lebt von Geschichten: den autobiografischen Lebensgeschichten Betroffener wie auch biblischer Geschichten. Und so ist der vorliegende Text ein komplexes Lebens- und Lesebuch geworden, immer in der Absicht, Verbindungen zwischen menschlichen Schicksalen und erklärendem Wissen herzustellen.

Dank

An dieser Stelle bedanke ich mich bei den Mitgliedern der Kontrollgruppe für die Zeit, die sie für die gemeinsamen Sitzungen aufwandten, für ihre interessierten und konstruktiven Beiträge, ihre prozessuale Neugier, die mich immer wieder gefordert hat, rechtzeitig neues Diskussions- und Reflexionsmaterial zu liefern. Im Einzelnen danke ich Ursula Hannemann, Beate Ritzinger, Robert Schauder und Jörg Scholtholt.

Freundschaftlicher Dank geht an Brigitte Irmler, die mir mit ihrem familientherapeutischen und sozialpädagogischen Sachverstand nicht nur wertvolle Hinweise zu einzelnen Kapiteln gab, sondern zudem die künstlerische Vorlage für die Bildgestaltung der Umschlagseite lieferte. Freundschaftlicher Dank geht auch an meine Kollegin Prof. Dr. Carmen Tatschmurat, Soziologin und Supervisorin, die sich ebenfalls dem Textlesen angenommen und mir wertvolle Hinweise gegeben hat.

Ich danke Petra Kunze, die das Manuskript in ihrer gewohnten professionellen Routiniertheit lektoriert hat, so dass der Text sprachlich nur gewinnen konnte.

1. Annäherungen an das Thema

Der Titel dieses Buches lautet: *Die Dramaturgie von Entwicklungsprozessen*. Was hat der Begriff der Dramaturgie zu bedeuten? Zunächst hat dessen Wahl damit zu tun, dass ich selbst theaterpädagogisch tätig bin und mich in diesem Feld bewege. Es ist interessant, den Begriff der Dramaturgie im Rahmen des Entwicklungsthemas auszubuchstabieren und Analogien für den psychosozialen Bereich zu bilden.

Der Begriff des Dramas kommt aus dem Griechischen und bedeutet Handlung. Das Drama umfasst alle Spielarten von Bühnenstücken, also die Komödie und das Lustspiel, das Trauerspiel, das Schauspiel, die Tragödie wie auch die Posse. Gleich welcher Typus: Im Mittelpunkt des Geschehens steht der Konflikt. Um ihn herum werden die Handlungen aufgebaut. Die Konflikte liegen in den Personen oder/und außerhalb von ihnen. „Dramatisch" nennen wir das Geschehen dann, wenn der Konflikt spannungsreich und mit Widersprüchen ausgetragen wird, und je nach Dramentypus, z.B. Komödie oder Trauerspiel, wird die Dramatisierung mit den Formen der jeweiligen Gattung aufgebaut.

Die Bewältigung des Konflikts vollzieht sich auf der Bühne nicht nur im Kontext der handelnden Personen und deren Umwelt, sondern sie vollzieht sich auch in verschiedenen Stadien. In den Szenen und Akten werden die Entwicklungsschritte aufgebaut oder auch verhindert. Je nach Drama bieten sich Lösungen an oder auch nicht oder die Lösung bleibt offen. Möglicherweise mag man an dieser Stelle einwenden, dass menschliche Lebensprozesse doch zu ernst seien, um sie mit theatralischen Vorgaben zu vergleichen. Ein solches Argument sieht jedoch darüber hinweg, dass Theater immer auch interpretativer Spiegel der Wirklichkeit ist und Formen entwickelt hat, um Wirklichkeiten in Szene zu setzen. Die theatralischen Formen stehen nicht ausserhalb der realen Welt, sondern der künstliche/künstlerische Raum verwendet Mittel und Zeichen, die in der Regel allgemein verstanden werden und von daher interpretierbar sind. Das gilt auch für jene Stücke, die mit Verfremdungen und absurden Mitteln arbeiten.

Kunst ist Teil der realen Welt! Kunst nutzt die ihr zur Verfügung stehende Zeichensprache, um Dinge auf den Punkt zu bringen. Sie arbeitet mit Verdichtungen, um Wichtiges zu verdeutlichen und zu spiegeln. Nichts anderes geschieht im wissenschaftlichen Prozess, wenn Modelle generiert werden. Auch hier wird versucht, Wesentliches darzulegen, in dem Wissen, dass Modelle immer nur grobrastrig sein können, und dass es in der Praxis Abweichungen geben wird. Es ist dann Aufgabe des Anwenders oder im Theater des Zusehers, im Zuge der Übersetzung des Dargebotenen Differenzierungen zu erarbeiten. Ein Schauspiel wie auch ein wissenschaftliches Modell sind kritisch auf ihre

Aussagekraft hin zu prüfen. Das Verallgemeinernde gilt es situativ aufzubrechen, zu relativieren und zu ergänzen.

Der Titel dieses Buches möchte vor allem auf die Konflikt- und Leiddimension von Entwicklungsprozessen hinweisen, weil sie den Kern darstellen, warum es überhaupt zu Entwicklungen kommt. Durch den Titel soll assoziiert werden, dass im Rahmen von Entwicklungsprozessen handelnd Lösungen zu finden sind, die Bewusstseinsprozesse, Einsichten und Lernprozesse voraussetzen.

Der Titel soll auch signalisieren, dass Entwicklungsprozesse dramatisch verlaufen können und dass sie, symbolisch gesprochen, alle Gattungen des Theaters umfassen können, bis hin zum Trauerspiel. Der Titel soll schließlich auf Akte, Szenen und Verläufe verweisen, die im Folgenden nicht als solche benannt werden, sondern als „Phasen". Es wird darzustellen sein, dass sich Entwicklungsprozesse in Phasenverläufen bewegen und dass jede Phase ihre Spezifika hat, sozusagen ihre Dramaturgie. Und damit bezieht sich der Begriff der Dramaturgie sowohl auf den ganzen Entwicklungsprozess wie auch auf die einzelnen Phasen der Entwicklung.

Dieses Buch ist integrativ und auf die Synthese verschiedener Erkenntnisebenen angelegt, d.h. es werden, wie in der Einleitung bereits erwähnt, verschiedene Wissenschaftsbereiche verknüpft, und ebenso werden biografische Lebensgeschichten mit mythologischen Geschichten verbunden, um herauszuarbeiten, was es mit Entwicklungsprozessen auf sich hat.

Vor diesem Hintergrund werden im Folgenden zwei Geschichten erzählt. Eine mythologische aus dem Alten Testament und eine biografische Geschichte der Gegenwart. Zwischen diesen beiden Geschichten liegen Tausende von Jahren, die Personen haben nichts miteinander zu tun, die kulturellen Besonderheiten, hier die Stammesgesellschaft, dort eine freiheitlich-moderne Welt, sind nicht vergleichbar. Auch der Konflikt ist jeweils ein anderer. Es tut sich also zunächst eine tiefe Kluft zwischen den beiden Geschichten auf, jedoch dort, wo sich die Pole berühren, betrifft es den Phasenverlauf der Entwicklung. Beide Geschichten zeigen einen vergleichbaren Prozessverlauf, was die Entwicklungsphasen betrifft. Diese gilt es in einem ersten Schritt exemplarisch zu verorten, um sie dann in den weiteren Kapiteln auszudifferenzieren.

Jakob

Wir beginnen mit Jakob, über den in der Genesis, Kap. 32, folgendes erzählt wird:

> Jakob ist ein Betrüger, denn im Auftrag seiner listigen Mutter bringt er seinen älteren Bruder um das Erstgeburtsrecht und lässt sich von seinem

Vater Isaak als Ältester segnen. So erhält er nicht nur die Privilegien eines Ältesten, sondern ebenso Schutz und einen Zukunftsauftrag:
"Gott gebe dir vom Tau des Himmels, vom Fett der Erde, viel Korn und Most. Dienen sollen dir die Völker, Stämme sich vor dir niederwerfen, Herr sollst du über deine Brüder sein. Die Söhne deiner Mutter sollen dir huldigen. Verflucht, wer dich verflucht. Gesegnet, wer dich segnet."

Der erschlichene Segen kann nicht mehr zurückgenommen werden und gilt! Jakob fürchtet freilich um den Zorn seines Bruders, und deshalb rät ihm die Mutter zu seinem Onkel Laban zu ziehen, bis der Groll des Bruders beigelegt ist. So zieht Jakob zu seinem Onkel und trifft dort auf seinesgleichen, denn auch der Onkel ist ein Betrüger. Jakob hat sich in Labans jüngste Tochter, die schöne Rahel, verliebt und will sie heiraten. Unter der Voraussetzung, dass ihm Jakob zuvor 7 Jahre dient, willigt Laban ein. Als endlich das Hochzeitsfest gefeiert wird, wird Jakob hintergangen. Laban führt Jakob nämlich nicht die geliebte Rahel zu, sondern Lea, die Ältere und Hässlichere. Jakob bemerkt es erst, als es bereits zu spät ist. Laban verteidigt sich damit, dass es nicht Brauch sei, die Jüngere vor der Älteren zu ehelichen, und bietet Jakob an, ihm noch weitere sieben Jahre zu dienen, um danach Rahel zu ehelichen. Jakob willigt auch dazu ein.

Auch nachdem er Rahel geheiratet hat, geht das betrügerische Hin und Her weiter. Beide Frauen eifern um Jakob und wollen ihm Söhne schenken; die schöne Rahel kann nicht empfangen und lässt deshalb ihre Magd von Jakob schwängern. Lea gebiert ihm hingegen Sohn um Sohn und lässt noch dazu ihre Magd von Jakob schwängern, weil sie meint, dass Jakob sie durch die vielen Söhne doch endlich lieben müsse. Jakob selbst zeugt nicht nur fleißig, sondern vermehrt mit Sachverstand auch die Herde und den Besitz seines Schwiegervaters um ein Vielfaches.

Nach 20 Jahren Aufenthalt bei Laban und nachdem ihm Rahel nun endlich den ersehnten Sohn schenkt, hat Jakob genug vom Zusammenleben mit Laban und will mit seiner Familie zurück in seine Heimat ziehen. Er bittet Laban um seinen Anteil, fühlt sich aber, als Laban ihm diesen anbietet, von ihm wiederum hintergangen. Daraufhin ersinnt Jakob eine List, um es dem Alten heimzuzahlen und um sich seinen Anteil zu sichern. So kommt Jakob zu einer beachtlichen Viehherde. Mit ihr, seinen beiden Frauen und vielen Kindern sowie mit Gottes Schutz macht er sich schließlich auf, um in seine Heimat zurückzukehren.

Auf dem Weg dorthin fürchtet Jakob die Rache seines Bruders Esau, mit dem er sich gerne aussöhnen möchte. Jakob ist ambivalent, einerseits setzt er auf den von Gott versprochenen Schutz und andererseits fürchtet er den Angriff seines Bruders. So schickt er einen Vortrupp voraus, der Esau mit reichen Geschenken besänftigen soll. Auf einen Angriff ist Jakob trotzdem gefasst, der kommt auch, jedoch von ganz anderer Seite. Kurz bevor nämlich Jakob und Esau aufeinandertreffen, begegnet Jakob einem Mann, dem Engel, der ihn tätlich angreift. Jakob muss seine Stärke im

Kampf mit dem Engel beweisen. Er nimmt den Kampf auf, hält Stand, auch dann, als der Engel durch einen Hieb Jakobs Hüfte ausrenkt. Durch seine Standhaftigkeit erhält er vom Engel den Segen wie auch einen neuen Namen: Israel. Der Segen des Vaters bewahrheitet sich: Gesegnet ist, wer dich segnet. Der Name Israel deutet auf die Aufgabe Jakobs hin. Aus den Söhnen Israels werden sich zwölf Stämme entwickeln. Der Weg Jakobs zu einem neuen Lebensabschnitt ist frei.

Jakob und Esau treffen und versöhnen sich, und Esau schlägt vor, doch gemeinsam weiter zu ziehen. Jakob lehnt dankend ab und zieht es vor, den Weg langsam zurückzulegen, aus Rücksicht auf die Kinder und auch aus Rücksicht auf die Jungtiere, denn: *„Überanstrengt man sie nur einen einzigen Tag, so geht das ganze Vieh ein."* Jakob will sich dem Schritt der Kinder anpassen und sich langsam dem Neuen nähern. Er findet schließlich einen geeigneten Platz und baut für sich und seine Familie ein Haus.

Die Geschichte Jakobs zeigt einen typischen Entwicklungsweg, der sich auch in den verschiedenen Problembiografien, die ich untersucht habe, immer wieder bestätigt: Eine lange Phase des Hin und Her, des Auf und Ab erfährt einen Wendepunkt. Jakob harrt 20 Jahre bei seinem Schwiegervater aus; man trickst sich gegenseitig aus, arbeitet aber auch füreinander. Der eine bekommt Ehefrauen und Kinder, der andere einen materiellen Zuwachs durch die Tüchtigkeit des Schwiegersohns. Aber insgesamt ist es nicht das Gelbe vom Ei. Allmählich beginnt ein Wunsch, ein Bedürfnis, ein Auftrag zu wirken, bei Jakob der Segen des Vaters. Die Zeit wird reif für den Aufbruch. Aktivität ist gefordert, Ressourcen sind notwendig für den Weg. Jakob sichert seine Habe. Gott hat ihm zudem Schutz versprochen. Gleichzeitig ist Jakobs Aufbruch mit Ambivalenz und Ängsten verbunden. Kann ich sicher in das Neue eintreten? Werde ich durch den Bruder bedroht? Schützt mich Gott wirklich? Der Übergang zeigt sich nicht reibungslos, Kampf und Standhaftigkeit sind gefordert, das Ziel darf nicht aus den Augen verloren werden, auch nicht der Mut zum Weitergehen. Geschenkt wird Jakob nichts, er muss sich vorwärts kämpfen und sich im Kampf mit dem Engel bewähren. Erst dann beginnt ein langsames Hineinbewegen in das Neue, Schritt für Schritt. Das Tempo eines Kindes wird gewählt, denn es geht um ein langsames Annähern, nicht hastig und übereilt. Bewusst geht Jakob mit den Seinen Schritt für Schritt in die neue Lebensphase hinein. Einen geeigneten Platz gilt es zu finden, um dort ein Haus zu bauen. Jakob geht zurück in seine Heimat. Aber eigentlich geht er vorwärts in die Heimat zurück.

Moira

Moira Müller leidet an Anorexie und legt ihren schwierigen Weg und ihren Entwicklungsprozess in ihrer Autobiografie dar.

Moira Müller (2003) beschreibt sich über Dritte: *„Die Leute halten mich für ein kraftvolles, willenstarkes, entschlossenes und temperamentvolles Mädchen"* (17). *„Einige fühlen sich von mir bedroht, weil ich so direkt bin, und nach der Meinung meiner Mutter bin ich schlampig"* (18). Die Au-pair-Mädchen betrachtete sie als *„Eindringlinge, die nicht in unsere Familie gehörten"* (18f.) Als sie sechs Jahre alt ist, kommt ihre Schwester zur Welt, was Moira nur schwer verkraftet, denn sie fühlt sich vom Thron gestürzt. Ihre Beziehung zu ihrer Mutter ist intensiv und auch anstrengend.

Mit 10 Jahren entwickelt Moira durch eine Pilzvergiftung eine Essphobie. Seitdem hat sie eine „Höllenangst" etwas zu essen, was verdorben sein könnte. Die Essphobie schlägt in der Pubertät in Magersucht (Anorexie) um. Immer wieder verspürt Moira Angst, dass ihren Eltern etwas zustoßen könnte und sie dann allein zurückbliebe. Sie entwickelt absurde Schönheitsvorstellungen, fühlt sich permanent zu dick und hungert sich von 63 kg auf 43 kg herunter. Sie beschreibt sich als süchtig nach ihrem Hungergefühl. *„Am liebsten würde ich gar nichts essen und mich immer so fühlen wie morgens, wenn ich noch einen leeren Magen habe. Ich fürchte mich vor dem Essen. Es ist immer sehr lecker, dann habe ich Angst, dass ich zu viel essen und mich schuldig fühlen werde"* (52). *„...(ich) konnte nicht Maß halten, hatte keine Kontrolle über das, was ich aß"* (78).

Ihr Gewicht ist ein kurzzeitiges Auf im Sinne der Zunahme von wenigen Kilos und eine schnelles Ab im Sinne des fortschreitenden Gewichtsverlustes. Die Übergänge zwischen Wahrheit und Lüge zeigen sich bei dem Mädchen fließend, und Moira flüchtet sich in Traumwelten. Elterliche und therapeutische Hilfe sowie eine Ernährungsberatung umgeht sie durch geschicktes Schummeln und Lügen. In ihrem Innern fühlt sie Chaos und Unsicherheit und findet wenig Kontakt zu klaren Gefühlen. Nach Außen gegenüber Schulkameradinnen zeigt sie sich gerne als die Erfahrene und gibt Ratschläge. *„Bei Menschen, die selber unsicher waren, fühlte ich mich sicher, ich wollte ihnen helfen. Ich liebte es, wenn Menschen auf mich hörten, meinen Rat befolgten"* (26).

Ihr ganzes Sinnen und Tun sind auf das Gewicht und die Waage fixiert. Schlank und schön sein wollen, nicht Essenwollen und Strategien finden, um das Essen zu umgehen, dominieren ihr Leben. Wenn sie einen leeren Magen hat, fühlt sie sich großartig. Sie ist auf ihre Art „erfolgreich" und gerät in einen so genannten „Abnahmegalopp".

Bei 43 kg Körpergewicht zeigen sich Ihre körperlichen Krankheitssymptome äußerst bedrohlich: Übermotorik, Frieren, Zusammenbruch, Grippe, Herzrasen, Schwindel. Alle Reserven sind verbraucht, und der Gewichtsverlust ist nicht mehr zu stoppen. Moira gerät in Panik und fühlt Todesangst. Gefühle der Ambivalenz sind nicht mehr zu verdrängen.

Einerseits hat sie Angst, ihren Körper nicht mehr unter Kontrolle zu bekommen, und weiß, dass es dumm ist, was sie tut und riskiert, andererseits ist die Versuchung groß, ihrer Sucht nachzugeben und weiter zu hungern. Sie fühlt sich in zwei Teile zerrissen: nicht essen wollen einerseits und sich schuldig fühlen, wenn sie nicht isst, andererseits. Dies markiert eine Wende. Sie ersucht um Hilfe. Ihre Eltern übergeben sie an Evert, einen befreundeten Therapeuten. Evert nimmt die 15jährige Moira in seine Familie auf, wo sie über Wochen lebt. Er will, dass sie die grundlegenden Dinge des Lebens, Fühlens und Selbstreflektierens erlernt, um wieder Herrschaft über sich zu bekommen und um ein sinnerfülltes Leben zu führen.

In dieser Zeit durchläuft Moira eine zunächst zaghafte Stabilisierung. Sie lernt ihre Bedürfnisse besser wahrzunehmen, lernt diszipliniert den Alltag zu leben, lernt ihren Essenskontrakt einzuhalten. Gleichzeitig erfährt sie Rückfälle, indem sie erneut nicht isst und abnimmt. Aber sie fängt sich schließlich wieder. Das wiederholt sich. Sie kämpft mir ihrer Ambivalenz, einerseits hungern zu wollen und andererseits essen zu wollen.

Evert ist eine Schlüsselfigur für sie. Auf ihre Art akzeptiert Moira ihren Therapeuten und idealisiert ihn auch. Er fordert und fördert sie und nutzt ihre Akzeptanz, um in manchen Situationen strenge Regeln und Disziplin einzufordern. Evert behandelt Moira mit Respekt, durchdringt ihre Masken, konfrontiert sie und hält ihr den Spiegel vor. Ihm kann sie nichts vormachen, das imponiert ihr. Sie darf Fehler machen, er zwingt sie zu nichts, aber er setzt auf ihre Vernünftigkeit, spricht viel mit ihr und arbeitet an ihrer Bewusstheit. Er hilft ihr zu ergründen, was sie selbst will, meint und fühlt. Er lässt ihr Entwicklungsraum und setzt ihr andererseits Grenzen. Er hilft ihr bei der Suche nach Maß und Gleichgewicht in sich und in ihrem Leben.

Everts Hilfe wird durch einen ayurvedischen Arzt unterstützt, so dass Moira auch ihre körperliche Stabilität zurückgewinnt. Moira akzeptiert und respektiert den Arzt und dessen medizinischen Zugang ebenfalls, wenngleich sich der Arzt sehr direkt und streng zeigt. Moira reagiert insgesamt positiv auf die enge Helfer-Beziehung mit Evert und auf den Systemwechsel.

„Ich bekomme etwas mehr Kontrolle über mein Tun und Lassen, weil Evert mich lehrt, alles bewusst zu tun. Ich merke es nun selbst, wenn sich etwas Zwanghaftes in mein Handeln mischt." (143f.)

Sie gesteht sich ihre Anorexie ein und informiert auch die Lehrerin. *„Ich werde nicht flüchten, sondern kämpfen. Ich werde ihnen zeigen, dass ich zunehmen kann, gesund werden kann."* (122).

Auf ihrem Weg der Entwicklung konstruiert sie sich neu: *„Die Moira von damals werdet ihr nicht wieder sehen, dafür ein fröhliches Mädchen mit einer schützenden Schicht Fleisch um sich herum und das ein gutes und stabiles Gewicht hat."* (125)

Der Kampf ist damit nicht ausgekämpft, die Entwicklungsarbeit hat erst begonnen. Immer wieder verspürt sie die Angst zuzunehmen, auch gibt es immer noch die Kluft zwischen Bewusstheit und Tun. Die Lust auf Anorexie kriecht wiederholt hervor. Und dann fühlt sich Moira wertlos und nutzlos. In der Phase der Entwicklung zeigen sich zudem belastende körperliche Symptome: Haarverlust, Schuppenflechte, Pilze. Moira lernt damit umzugehen, denn ihre Gefühls-, Denk- und Handlungsweisen haben sich verfeinert. Vieles ist ihr bewusst geworden, sie fühlt sich nicht mehr so ihrem absurden Schönheitsideal unterworfen. Auch kann sie sich besser in andere hineindenken, und es muss sich auch nicht mehr alles nur um sie allein drehen.

Die Rückkehr in die Herkunftsfamilie ist schwierig. Der Therapeut hilft, neue Familienregeln aufzustellen. Beide Eltern sind engagiert und lernbereit, doch der Prozess für Moira und die Beteiligten ist allemal belastend. Ein zäher Verlauf kündigt sich an. Moiras autobiografische Erzählung endet mit der Stabilisierungsphase. Das Mädchen blickt hoffnungsvoll in die Zukunft. Sie weiß, dass Anorexia immer ein Teil von ihr und der Kampf nie beendet sein wird, dass sie aber auch die Chance hat, der „Boss" von sich und Anorexia zu sein.

Moiras Lebensgesichte zeigt einen durchaus ähnlichen Phasenverlauf wie Jakobs Geschichte: Bei ihr zeigt sich ein jahrelanges Auf und Ab des Körpergewichts, der Vorsätze, ein Wechsel zwischen Echtheit und Lüge. Elterliche und professionelle Unterstützung sind eingebunden in dieses Auf und Ab, bewirken nicht wirklich etwas, vielmehr nimmt das Bedrohungsszenario zu, das heißt, das Ab wird intensiver, bekommt einen Fahrstuhleffekt. Dort, wo für Jakob die Zeit allmählich reif wird, um die Zelte abzubrechen, vollzieht sich der Wendepunkt bei Moira dramatischer. Es kommt zu einer Entscheidung zwischen Leben und Tod. Das, was beide gemeinsam erleben, ist die Wende in ihrem Leben, die bei Jakob eher auf Bestimmung, gefühlsmäßiger Einsicht und dem Wunsch nach einem besseren Leben beruht, hingegen bei Moira auf existenzieller Bedrohung.

Moira hat wie Jakob durchaus Ressourcen für einen neuen Weg: bei ihr sind es die bemühten Eltern, ihre professionellen Helfer und schließlich ihr eigener Wille und ihre Kraft. So entsteht Raum für Lernen, Entwicklung und Neuorientierung. Der Wendepunkt ist von Ambivalenz begleitet: hungern wollen und essen wollen. Schließlich beginnt die Entwicklungsarbeit, und auch Moira wird nichts geschenkt. Der Systemwechsel in Everts Familie ermöglicht Moira dichte und positive Erfahrungen. Sie wird aufgefangen, jedoch nicht in Watte gepackt. Im Gegenteil: Evert fordert und fördert sie. Differenziertes Fühlen, Denken und Handeln muss aufgebaut werden, ein mühsamer Prozess der Bewusstwerdung, Disziplin und Umorientierung ist angesagt. Rückfälle sind vorprogrammiert. So, wie Jakob mit dem Engel kämpft und standhalten muss, kämpft Moira mit den Vorgaben Everts. Als sie in die Familie zurückkehrt, geht die mühsame Arbeit dort weiter. Schritt für Schritt. Langsam nähert sich Moira der neuen Entwicklungsstufe. Alle Beteiligten arbeiten daran. Genauso wie Jakob geht Moira nicht zurück in die Familie, sondern vorwärts in die Familie zurück.

Wir werden die Geschichten von Moira und Jakob wieder aufgreifen. Im nächsten Kapitel soll der Unterschied zwischen Veränderung und Entwicklung geklärt werden, um den Entwicklungsbegriff zu schärfen.

2. Der Unterschied zwischen Veränderung und Entwicklung

Herausforderungen

Menschen wie auch soziale Systeme und Kulturen verändern und entwickeln sich kontinuierlich. Veränderung und Entwicklung zeigen sich als ein anthropologisches, biologisches, geistiges und sozio-kulturelles Prinzip. Leben bedeutet permanente Veränderung. Trotzdem sind in der Geschichte des Menschen viele Probleme und Grundsatzfragen gleich geblieben, beispielsweise die Frage nach dem guten Leben, oder wie Leid, Aggression und Gewalt vermieden werden können. Die sozialen und kulturellen Umgebungen, in die diese Fragen eingebettet sind, haben sich zwar stetig und radikal verändert, die menschlichen Fragen sind nahezu gleich geblieben. Dies ist möglicherweise ein Grund für die gleich bleibende Aktualität mythologischer Texte, in denen es um menschliche Grundsatzfragen geht.

Drastisch verändert hat sich die Veränderungsgeschwindigkeit. Bedenkt man, wie lange die Menschheit mit der Steinaxt lebte und wie lange beispielsweise die Bronzezeit währte, dann steht dies in keinem Verhältnis zu den technologischen Veränderungsdynamiken der Moderne und Nachmoderne. Unsere Kulturentwicklung steht unter einem Beschleunigungsfaktor. Vor der Modernisierung im 19. Jahrhundert konnten sich die Menschen über Generationen hinweg an bestimmten kulturellen, sozialen und technologischen Errungenschaften orientieren. Lebensbedingungen und Vorgaben der Großeltern stimmten im Großen und Ganzen auch noch für die nächsten Generationen. Die Moderne und erst recht die Nachmoderne warteten und warten dagegen mit Veränderungsprozessen auf, die bereits innerhalb einer Generation zu dramatischen Anpassungsprozessen in Bezug auf Lebensstil, Ausbildung, Arbeit/Beruf, Technologie und Kultur herausfordern.

Das Vergangene, das Frühere und Gestrige ist nicht mehr tauglich, um die Gegenwart verstehend und handelnd zu bewältigen. Selbstverständlich gibt es trotzdem einen Bestand an gültigen Orientierungen. Hermann Lübbe (1987, 290) nennt solche Bestände „Klassik". Nicht die kulturgeschichtliche Klassik ist gemeint, sondern der Tatbestand, dass es alte semantische Bestände gibt, die auch in der Gegenwart nicht nur ihre Gültigkeit bewahrt haben, sondern Orientierung gebende Kraft besitzen, beispielsweise Tugenden wie Verlässlichkeit oder Loyalität. Trotz dieser Orientierungen bleiben die Herausforderungen für Personen und Systeme, sich den immer schneller vollziehenden Innovationsdynamiken anzupassen. Alle möglichen Veränderungen müssen bewältigt werden, vor allem auch ökonomisch-technologische. Sie alle vollziehen sich vor dem Hintergrund gesellschaftlicher Ausdifferenzierungsprozesse, von Globalisierungs- und Beschleunigungsprozessen. Stetig muss Neues gelernt werden, müssen neue Ziele und Handlungswege gefunden werden, um Gegenwart und Zukunft zu meistern. Jakob, so könnte man aus historischer Sicht sagen, lebte in einer überschaubaren Welt einer Stammesgesellschaft, des Patriarchats und der religiös-mythologischen Orientierung. Zentrales ist vorgegeben und vorbestimmt. Moira dagegen lebt in einer modernen Welt, die ihre Identitätsentwicklung herausfordert. Die Gesellschaft bietet ihr dazu eine Palette besserer und schlechterer Orientierungs-, Verführungs- und Kompensationsangebote, auf die Moira auf ihre Weise reagiert.

Moderne komplexe Lebenssituationen fordern vom Menschen Lebensbewältigungskompetenz. Flexible VeränderungsexpertInnen sollen wir sein bzw. werden. Da, wo Schwierigkeiten auftreten, sollen sie schnell und effektiv behoben werden, am besten selbstgesteuert oder, wenn es denn schon sein muss, mit Coaching, Kurzzeittherapie und effektiven Interventionen. Beschleunigung bedeutet eine erhöhte Veränderungsanforderung von Menschen und Systemen; sie bedeutet zunehmende Zeitknappheit, d.h. in immer kürzeren Zeitabständen müssen brauchbare Anpassungsprozesse an neue Herausforderungen und Vorgaben erfolgen. Überforderung, Druck, Orientierungsverlust, Destabilisierung und Krisen sind die Folgen. Wie auch immer: Personen und auch Systeme müssen in ihre eigene Stabilität investieren, um Veränderungsprozesse als Routineaufgaben zu meistern. Unternehmen gebrauchen da den Begriff der „lernenden Organisation", um diese Bewältigungskompetenz zu umschreiben. In Zusammenhang mit Menschen wird von personalen, sozialen und fachlichen Schlüsselkompetenzen gesprochen.

Die Chancen, Veränderungsanforderungen zu bewältigen, sind unterschiedlich verteilt. Soziale Problemlagen und Benachteiligungen, individuelle Einschränkungen, Umweltdruck und mangelnde Unterstützung wirken belastend und chancenmindernd. Hier sind dann insbesondere SozialarbeiterInnen und TherapeutInnen gefordert, um den Veränderungsprozess professionell zu begleiten.

Der Unterschied

Was ist aber nun der Unterschied zwischen *Veränderung* und *Entwicklung*? Mario von Cranach (1990, 14f.) versucht den Unterschied mit dem Brathähnchen-Beispiel zu verdeutlichen: Das Ei entwickelt sich zum Hähnchen und vollzieht dadurch eine biologisch logische Entwicklung. Wird es als Hähnchen geschlachtet und ins Bratrohr geschoben, verändert sich zwar sein Zustand, diese Veränderung sollte aber nicht als „Entwicklung" beschrieben werden. Die Argumentation klingt plausibel. Veränderung ist nicht gleich Entwicklung! Letztere beschreibt einen Wachstumsprozess, der letztlich darauf angelegt ist, dass sich die neue Entwicklungsstufe *komplexer* zeigt als die vorhergehende. Das Huhn ist nun mal komplexer als das Ei. Das Brathähnchen hingegen wird zwar mit allerlei Gewürzen verfeinert, deswegen ist es aber nicht komplexer, im Gegenteil, es fehlt ihm die Komplexität des Lebens.

Lawrence Kohlberg, der sich mit der Moralentwicklung beschäftigte, zitiert aus Webster's Dictionary eine Definition für Entwicklung, die sich an das Gesagte ankoppeln lässt. Entwicklung bedeutet danach

> „aktivieren; sich von der Ausgangsposition auf eine andere, mehr Möglichkeiten erfolgreicher Nutzung bietende Position bewegen; Anstoß zu Wachstum und Differenzierung entsprechend den natürlichen Entwicklungslinien; Durchlaufen eines Prozesses des natürlichen Wachstums, der Differenzierung oder Evolution durch schrittweise Veränderungen." (Kohlberg 1996, 315).

Kohlberg macht darauf aufmerksam, dass diese Definition eben nicht einfach Veränderung bedeutet, sondern Veränderung in Richtung größerer Differenziertheit, Integration und Anpassung.

Entwicklung ermöglicht uns, auf eine differenziertere Art und Weise besser mit den Anforderungen unserer Umwelt zurecht zu kommen. Entwicklung zielt darauf, sich in etwas Neues hineinzubewegen, Altes in das Neue zu integrieren und zusammenzuführen, es in Teilen zu revidieren wie auch aufzugeben. Entwicklung bedeutet somit immer auch Verlust des Gewohnten und der damit verbundenen Orientierung. Das Neue muss entworfen werden. Auf der Handlungsebene setzt es neue Fertigkeiten und Fähigkeiten voraus. Auf der Sinnebene braucht es neue Bedeutungskonstruktionen, neue Einsichten und Standpunkte, neue Perspektiven, Visionen und Lebensstrategien. Unser Selbst wird dann aus alten und neuen Teilen neu geordnet, gebastelt, zusammengesetzt, eben neu konstruiert. Verlust und Gewinn liegen in diesem Prozess nah beieinander, und es wird noch aufzuzeigen sein, dass die Verlustgefühle die Entwicklungsbemühungen phasenweise sehr hemmen können. Entwicklung kann bedeuten, Etappen von hohem inneren Ungleichgewicht zu durchlaufen, um eine neue Stufe der Balance zu erreichen. Diese wiederum währt nur vorübergehend, denn Entwicklung auf körperlicher, geistiger und emotionaler Ebene ist ein lebenslanger Prozess. Entwicklungsvorgänge können leicht und fließend sein, aber auch leidvoll und schmerzhaft, und sie können das Äußerste vom Einzelnen fordern. Sie können gelingen oder auch misslingen.

Wenn wir uns mit menschlichen Entwicklungen beschäftigen, so gibt es unterschiedliche Entwicklungsebenen:

Carl Rogers verweist auf die Entwicklung des menschlichen Organismus mit dem Ziel, alle seine angeborenen Möglichkeiten zu entfalten. Dazu gehört die Entwicklung und Differenzierung von Organen und körperlichen Funktionen, ebenso die Befriedigung grundlegender Bedürfnisse und die Entwicklung von Fertigkeiten und Fähigkeiten. Die Entwicklung dient nach Rogers nicht nur der Reproduktion, sondern im Kontext der Umwelteingebundenheit auch zur immer freieren Entfaltung und Unabhängigkeit des Menschen (Rogers 1959, 196; s.a. Kegan 1994, 23).

Jean Piaget (1983) spricht von der kognitiven Entwicklung und zeigt die Stufen vom Kind bis zum Erwachsenen auf. Lawrence Kohlberg (1996) entwickelt ein Konzept der moralischen Entwicklung.

Abraham Maslow (2002) legt ein Entwicklungsmodell von Bedürfnisstufen vor.

Bei all den Konzepten wird deutlich, dass von Entwicklung dann gesprochen wird, wenn die nächst höhere Stufe eine ausdifferenziertere und komplexere ist und, so die Vertreter der humanistischen Psychologie, wenn mehr Humanität damit einhergeht.

Wenn wir lernen und unser Denken und Fühlen zunehmend differenzieren, wenn wir beruflich vielschichtigere Aufgaben bewältigen, wenn wir eine Partnerschaft eingehen oder eine Familie gründen, wenn wir uns in unsere altersgemäßen Aufgaben und Rollen einfinden, dann bauen wir über Entwicklung Komplexität auf. Wenn Moira in ihrer Suchtabhängigkeit sich nur noch auf Aussehen, Gewicht und Nichtessen konzentriert, dann verändert sich zwar ihre Alltagssituation immer mehr zum Extremen hin, aber ihr Leben wird zunehmend enger und eingeschränkter, weil es nur noch auf einen spezifischen Lebensinhalt bezogen ist. Von Entwicklung kann hier nicht die Rede sein. Entwicklung ist einerseits ein *Prozess* und andererseits ein *Resultat* im Sinne des Erreichens einer nächsten Stufe mit höherer Komplexität auf der Gefühls-, Denk- und Handlungsebene. Jedoch ist diese Stufe wiederum nur eine vorübergehende. Symbolisch bedeutet „Ent-wicklung", sich aus etwas heraus zu entwickeln, um sich in etwas Komplexeres hinein zu wickeln, das tauglich ist, um die Herausforderung des Lebens und die eigene Lebenssituation besser zu bewältigen. Damit ist eine Doppelperspektive angelegt. Das Selbst gewinnt mehr innere Stabilität und ebenso gewinnt die Beziehung zur sozialen Umwelt mehr Stabilität. Aus dem Entwicklungsprozess resultiert eine reifere Form des Bewusstseins, das, wie Kegan es formuliert, *„eine qualitativ andere Stufe der Bedeutungsbildung"* erreicht. *„Auf jeder Entwicklungsstufe wird das Verhältnis Subjekt und Objekt neu bestimmt"* (Kegan 1994, 41, 51).

Entwicklung im Horizont der Mythologie

Bevor die Welt mit Hilfe der Wissenschaft erklärt worden ist, wurde sie mit Hilfe von Mythen gedeutet. In ihnen steckt eine Menge Wissen, Erfahrung und Symbolik, die den theoretisch-wissenschaftlichen Erkenntnissen nicht unbedingt widersprechen, sondern sie in vielen Fragen zu ergänzen vermögen. Mythen bestehen aus Bildern, Erzählungen, Liedtexten, Parabeln, Fabeln und Allegorien.[1] Sie handeln von Göttern und Göttinnen, deren Bezug untereinander und

---

[1] Joseph Campbell (1999) hat einen umfassenden Vergleich von Mythen, Volkssagen und Religionen in der Weltliteratur angestellt.

zu den Menschen, und sie handeln von Helden. Mythen erweisen sich als sinn- und ordnungsstiftend und sind Orientierung gebend für das menschliche Handeln. Aus ihnen entspringen Rituale, Gesetze, Sitten und Gebräuche. Gleichzeitig helfen Mythen auch bestimmte Herrschaftsstrukturen zu legitimieren, beispielsweise die patriarchalische. Mythen geben Erklärungen über die Entstehung, über Anfang und Ende der Welt, über Leben und Tod, über das Zusammenleben der Menschen und wie wir noch sehen werden, über Entwicklungsprozesse. Mythen wurden über unzählige Generationen mündlich überliefert und verbreitet, um schließlich niedergeschrieben zu werden.

Alle Völker verfügen über Mythologien, und die großen Religionen verarbeiten zum Teil vergleichbare Themen, verfügen sogar über vergleichbare Geschichten, beispielsweise über Schöpfung und Weltentstehung, das Leben nach dem Tod, Katastrophen und die Erlösung. Die Mythologien inspirieren seit jeher die Kunst, insbesondere die bildende Kunst, die Musik, Film und Theater und die Literatur. Sie bergen Botschaften in sich, die nach wie vor den Menschen berühren und ergreifen. Mythen beinhalten bilderreiches Wissen.

Entwicklung ist ein zentrales Thema mythologischer Stoffe. Dantes „Göttliche Komödie", die im 13. Jahrhundert entstand, handelt von drei Entwicklungsstufen, die die Hauptfigur auf ihrer Reise durchläuft: die Hölle, das Fegefeuer und schließlich das Paradies. Dantes Gedicht ist voller Gestalten der christlichen und griechisch-römischen Mythologie. In der „Göttlichen Komödie" deutet sich ebenfalls das bereits bei Jakob und Moira beschriebene Auf und Ab an, insbesondere das „höllische Ab". Die Wendephase lässt sich mit dem Fegefeuer umschreiben, dem das Paradies als neue Stufe folgt.

In den Heldenerzählungen[2], beispielsweise Herkules, Theseus oder Parzival, treffen wir immer wieder auf typische Verlaufsmuster. Zunächst ist die Suche angesagt und das Bestehen von Proben und Herausforderungen. Erst danach winkt das Glück. Die meist jungen Helden zeigen sich anfangs unerfahren, eitel, egoistisch, maßlos und brutal. Sie verletzten, misshandeln und töten bevor sie auf den Pfad der Tugend geraten, Ungeheuer bekämpfen und heldenhaft den Menschen helfen. Auf ihrem Weg müssen sie zunächst sich selbst und ihre Ungezügeltheit besiegen, bevor sie allmählich zum Helden heranreifen.

In allen heiligen Schriften ist Entwicklung ein zentrales Thema. Die vedische Offenbarung betont die Entwicklung des Bewusstseins. Der Aufstieg zu Gott erfolgt durch die Transzendierung des Bewusstseins. In der jüdischen Offenbarung geht es um die Entwicklung eines moralischen Charakters über die Einhaltung von Gesetzen. Die Bibel beginnt mit der Erschaffung der Welt und endet

---

[2] Zur Mythologie der Griechen siehe u.a. Kerényi 1966; zu Parzival siehe Wolfram von Eschenbach 2003.

mit der Offenbarung des Johannes: *„Dann sah ich einen neuen Himmel und eine neue Erde; denn der erste Himmel und die erste Erde sind vergangen, auch das Meer ist nicht mehr."* (Die Bibel 1991, Offenbarung, 21,1). Die Bibel beschreibt die Entwicklung der Welt, der Menschen und der Kirche. Ein wiederkehrendes Motiv ist der Auszug in das gelobte Land. Immer wieder zieht das Volk der Hebräer aus, um es zu finden, unter Abraham, Isaak, Jakob, Mose und Josua. Der versklavte Mensch wird befreit, zuvor muss er aber auf eine große Reise gehen, die anstrengend ist und Gefahren birgt. Das gelobte Land wird schließlich erreicht, und das Volk siedelt sich dort an. Das Tragische der Geschichten ist, dass nach geraumer Zeit der Friede und das Paradies wieder zerstört werden. Alles ist vorübergehend, die Reise endet nicht. Die Johannes-Offenbarung scheint einen tröstlichen Endpunkt zu versprechen, doch ist von einem anderen Himmel und einer anderen Erde die Rede.

Mythologien bieten unterschiedliche Lesarten. Man kann sie moralisch oder fundamentalistisch interpretieren, man kann sie psychoanalytisch deuten, kann sie als spirituelle Quelle heranziehen, historisch lesen oder als Quelle von Erkenntnissen nutzen. Wenn ich in diesem Buch biblische Erzählungen miteinbinde, dann versuche ich aufgrund symbolischer Interpretationen Erkenntnisse über Entwicklungsetappen und -dynamiken herauszufiltern, um die in diesem Buch gestellten Fragen zu erhellen.

Entwicklung im Horizont der Wissenschaften

Bereits Vorsokratiker wie Hesiod (um 700 v. Chr.), Anaximenes (585-525 v. Chr.), Heraklit von Ephesos (um 540 bis um 480 v. Chr.) und Parmenides von Elea (um 515 bis um 450 v. Chr.) beschäftigten sich mit Fragen der Entwicklung, des Wandels und der Bewegung.

Anaxagoras ging beispielsweise davon aus, dass Bewegung durch das Prinzip der *Mischung* und *Trennung* hervorgerufen wird. Gemeint ist die Verbindung der Stoffe und deren Trennung. Einen ähnlichen Zugang zeigten die Atomisten, auf die sich schließlich die Epikureer stützten. Man ging davon aus, dass die Grundlage der Bewegung die Zusammenballung und Trennung der Atome ist (vgl. Paslack 1997). Die Bewegungsgesetze der Vorsokratiker stützen sich, modern ausgedrückt, auf Begriffe wie *Verbinden* und *Integrieren* einerseits sowie *Trennen* und *Loslassen* andererseits. Da, wo diese Prinzipien nicht zum Tragen kommen, so die Annahme, setzt Stagnation ein, und es wird an einem gegebenen Zustand, am Status quo, festgehalten.

Halten kann vor diesem Hintergrund der Ausdruck für das Festhalten an einer relativ stabilen Systemordnung oder an gültigen Werten und Überzeugungen sein, aber es kann auch der Ausdruck eines suboptimalen Bewältigungsverhaltens sein, durch das es nicht gelingt, Neues zu integrieren und Altes loszulassen. Moira hält lange Zeit an ihrer destruktiven Auf-und-Ab-Bewegung fest, die sie in eine bedrohliche Situation bringt. Für kurze Zeit integriert sie die Erwartungen ihrer Eltern, isst mehr, nimmt Ernährungsratschläge auf, um sie dann wieder loszulassen. Die Integration neuer Impulse gelingt ihr solange nicht, bis eine Verdichtung ihrer Probleme zum Wendepunkt führt. Hier beginnt dann ein nachhaltiges Aufkeimen neuer Sichtweisen, und Moira kann sich allmählich von alten Vorgaben trennen.

Die Aspekte *Halten*, *Loslassen* und *Verbinden* lassen sich als basale Elemente der Bewegung beschreiben. Menschen und Systeme sind ständig in Bewegung, aber die Bewegung kann eben auch Stagnation bedeuten. Ist der Aspekt *Halten* stark ausgeprägt, läuft die Veränderungsdynamik Gefahr, abgebremst oder verhindert zu werden. Soll Neues integriert werden, ist zu fragen, was dafür aufgegeben werden muss, um Passungen herzustellen. Moira ist gefordert, ihr magersüchtiges Schönheitsbild aufzugeben, ebenso ihr narzisstisches Um-sich-selbst-Drehen und ihre Lustbefriedigung durch Nichtessen. Sind das Loslassen und das Integrieren neuer Sichtweisen nicht aufeinander abgestimmt, können sich Blockaden einstellen, die den Entwicklungsprozess gefährden. Sind umgekehrt nicht genug tragfähige innere und äußere Anker vorhanden, stehen das Neue wie der Entwicklungsprozess als Ganzes auf wackligem Boden.

Jakob wähnt sich in Gottes Schutz, er hat Reichtümer, mit denen er gegebenenfalls seinen Bruder Esau befrieden kann, zudem hat er Mut und Kraft. Moira ist ebenfalls kraftvoll und hat einen starken Willen. Sie hat Menschen, die sie unterstützen. Entwicklung zeigt sich hier chancenreich.

Die wissenschaftliche Beschäftigung mit Veränderungsprozessen hat eine lange Tradition. Im 18. und 19. Jahrhundert erreichte der Entwicklungsgedanke in den Natur- und Gesellschaftswissenschaften seinen Höhepunkt. Nicht mehr mechanische Abläufe, wie sie noch Descartes propagierte, standen im Mittelpunkt, sondern die irreversible Veränderung der Natur und sozialer Phänomene. Im Zentrum stand der Begriff der *Evolution*. Charles R. Darwin (1809-1882), Begründer der Evolutions- und Selektionstheorie, konkretisierte den Entwicklungsgedanken in der Biologie. Auch in der Thermodynamik begann man um die Jahrhundertwende des 19. Jahrhunderts sich mit irreversiblen Dynamiken zu beschäftigen (Küppers 1997c, 158). Prigogine (1985), einer der bekanntesten Vertreter der Thermodynamik, bezeichnet diese wissenschaftliche Entwicklung als Umschwung einer Wissenschaft des Seins zu einer Wissenschaft des Werdens. Die Erklärung von Wandel, gleich ob in der Naturwissenschaft, in der Kultur oder im Sozialen, steht seither im Zentrum von Wissenschaft und Forschung.

Die systemtheoretische Forschung beschäftigt sich ebenfalls mit Prozessen des Wandels und der Entwicklung. Voraussetzung für Systementwicklung, so die Annahme, sind Offenheit wie auch Ungleichgewichte und Instabilitäten des Gesamtsystems (Cranach 1990, 21). Entwicklung, so lässt sich folgern, setzt Störungen voraus, die entweder exogen, also von außen, aus der Umwelt kommen, beispielsweise durch ein Unwetter oder auch durch den Verlust eines geliebten Menschen. Oder die Störungen sind endogen, also systembedingt. Erst als Moira ihren Kontrollverlust hautnah erlebt (endogen), wird sie offen für eine Wende. Störungen führen zu einem inneren Ungleichgewicht, das Ausgleichsprozesse erfordert. Systeme versuchen dieses Ungleichgewicht zwar durch interne Operationen aufzufangen. Wenn dies aber nicht gelingt, wird der Weg frei für Entwicklung. Lapidar gesagt: So lange das Bewältigungsverhalten irgendwie funktioniert, kann man sich mit Veränderungen zufrieden geben; man bleibt im Hin und Her, geht aber nicht wirklich in die Entwicklung.

Da, wo sich aber Entwicklung andeutet, entstehen, so die Thermodynamik, Verzweigungen, so genannte *Bifurkationen* (lat. bifurcum = gegabelt). Ein System hat die Wahl zwischen mehreren stabilen wie instabilen Zuständen. Der Weg, den ein System nimmt, hängt von der Wahl der vorhergehenden Verzweigungen ab. Welche Verzweigungen tatsächlich genommen werden, lässt sich nicht prognostizieren (vgl. Coveney/Highfield 1994, 213ff.). Die neuen Zustände können eine hohe Stabilität oder Instabilität erreichen. Ordnungen mit hoher Stabilität nennt Prigogine „dissipative Strukturen". Damit soll ausgedrückt werden, dass sich das System in einem permanenten Austauschprozess (Materie, Energie) mit seiner Umwelt befindet (vgl. Coveney/Highfield 1994, 26). Weiter oben habe ich von Ambivalenzen gesprochen, sie lassen sich dem Begriff der Bifurkation zuordnen. Moira und Jakob zeigten sich ambivalent, ob sie den neuen Weg gehen wollen; er warf Irritationen auf und kollidierte mit dem Bisherigen.

Ein System, gleich ob Mensch oder soziales System, hat immer mehrere Möglichkeiten der Entwicklung, jedoch nur eine Möglichkeit wird aktiviert. Nach Prigogine lassen sich sogar gewisse Voraussagen treffen, welche Entwicklungen ein System tatsächlich nimmt. Er begründet dies damit, dass sich die Wahl letztlich aus der Vergangenheit herleitet, wenngleich hier freilich nur Annahmen möglich sind. An den Verzweigungen ist die weitere Entwicklung demzufolge von der Entwicklungsgeschichte abhängig (vgl. Prigogine/Stengers 1981, S. 167f.; Cranach 1990, 22ff.). Bestätigt wird diese Annahme auch durch den Kognitionsbiologen Humberto R. Maturana. Alles, was im System vor sich geht, so der Wissenschaftler, ist notwendig durch seine innere Struktur bestimmt (Maturana/Pörksen 2002, 70f.). Übertragen auf die psychosoziale Praxis heißt das: Der biografische Werdegang birgt oder verhindert bestimmte Optionen. Er manifestiert sich durch Erlebtes, Erfahrens, Gelerntes, durch angeborene Ausstattungsmerkmale. All das bündelt sich in Mustern des Fühlens, Denkens, Urteilens, Verhaltens und Handelns. Durch Einwirkungen der Umwelt werden interne Prozesse im Menschen ausgelöst, wie eine Person jedoch auf Umwelteinflüsse reagiert, hängt von ihren inneren Dispositionen, von ihrer inneren Struktur ab. Entwicklungen sind Anpassungsprozesse auf neue Herausforderungen, und die Art und Weise, wie sie vollzogen werden, hängt von der inneren Disposition der Person ab, und zwar im Kontext ihrer Umwelteingebundenheit. Das Verhältnis zwischen Person und Umwelt beschreibt Maturana folgendermaßen:

„Was immer in einem Lebewesen geschieht, wird durch seine Struktur bestimmt, nicht aber durch die Struktur dessen, was auf dieses einwirkt." (Maturana/Pörksen 2002, 72).

Das bedeutet nicht, dass die Umwelt keine Einwirkungsmöglichkeiten hat, sondern lediglich, dass sie nicht wirklich beeinflussen kann, wie das Persönlichkeitssystem auf Interventionen und Anpassungsnotwendigkeiten reagiert.

Entwicklung setzt die Erfahrung und Einsicht voraus, mit dem bisherigen Zustand und den eigenen Bewältigungsformen nicht mehr zurecht zu kommen. Hier gibt es jedoch keine allgemeingültigen Kriterien. Es gibt entwicklungsoffene Menschen, die bei ersten Störungen aktiv werden und eine hohe Lernfähigkeit und den Willen zur Weiterentwicklung zeigen. Es gibt andere Menschen, die eine gewisse Problemdichte brauchen, um Entwicklungsanstrengungen zu unternehmen. Die meisten bewegen sich wohl irgendwo dazwischen. Entwicklung durchdringt das ganze Persönlichkeitssystem und dessen Umwelt. Sie bezieht nicht nur Gefühle, Gedanken und Selbstvorstellungen mit ein, sondern auch die Veränderung konkreter Lebensstrukturen (vgl. Cranach 1990, 23).

Entwicklungen gehen mit Störungen einher. Diese Aussage gilt ebenso für natürliche Entwicklungen. Das biologische Reifen und damit einhergehend hormonelle Veränderungen stören in der Regel die psychische und soziale Balance. Das zeigt beispielsweise die Lebenssituation von Pubertierenden.

Das Kennzeichen von Störungen ist, dass sie eine gewohnte Ordnung durcheinander bringen, manchmal nachhaltig, manchmal nur vorübergehend, so dass sich ein System durchaus wieder in den alten Zustand einpendeln kann.

Die Systemtheorien arbeiten heraus, dass Personen und Systeme auf Störungen im Rahmen selbstorganisierter Prozesse reagieren. Das bedeutet nichts anderes, als dass jedes System, gleich ob Persönlichkeitssystem oder soziales System, eine Störung nach den eigenen Modi, den eigenen Systemlogiken (dazu gehören Denk-, Gefühls- und Handlungsmuster, sowie physiologische Strukturen) verarbeitet (vgl. Miller 2001).

Systeme haben verschiedene Möglichkeiten auf Störungen zu reagieren. Sie können versuchen, die Störungen auszubalancieren, um wieder einigermaßen in den gewohnten Zustand einzupendeln. Ein unartiges Kind, das gerügt wird, pendelt sich möglicherweise nach kurzer Aufregung in die gewohnten Verhaltensweisen wieder ein, um dann zu einem späteren Zeitpunkt wieder das zu machen, was ihm eine Rüge einbringt. Systeme besitzen eine gewisse Elastizität, um Störungen aufzufangen und um sie auszubalancieren. Funktioniert diese Elastizität auch in Situationen, die eine Entwicklung dringlich erscheinen lassen, so ist die Wahrscheinlichkeit geringer, dass ein System tatsächlich einen Entwicklungsprozess vollzieht. Wie gesagt, so lange das Leben irgendwie funktioniert, selbst wenn es suboptimal verläuft, so lange liegt der Wendepunkt wohl eher in der Ferne.

Systeme sind in der Regel erst dann entwicklungsbereit, wenn mit Hilfe der alten Strukturen und Muster die neuen Situationen und Anforderungen nicht mehr zu bewältigen sind. Hier ist dann *Anpassung* angesagt. Sie kann zielgerichtet erfolgen, indem sich Systeme bewusst und reflektiert in den Entwicklungsprozess begeben, indem sie Ziele und Vorgehensweisen ausloten und sich ggf. Unterstützung holen. Anpassung kann aber auch über Schock und Zwang, über Druck und Leid erfolgen, beispielsweise durch den plötzlichen Tod eines Angehörigen oder indem Strategien gewählt werden, die nicht taugen, wenn man sozusagen in die falsche Verzweigung einmündet und damit dann mühsam zu kämpfen hat. Entwicklungen und die damit einhergehenden Anpassungsprozesse können gelingen, partiell gelingen oder auch misslingen. Abhängig ist dies von den Entwicklungsmöglichkeiten, die ein System tatsächlich hat, von den vorhandenen Ressourcen und Umweltbedingungen.

Aus systemischer Sicht vollzieht sich Entwicklung im Kontext System-Umwelt. Entwicklung ist kein einseitiger Prozess, indem sich ein System für sich entwickelt, sondern Entwicklung erfolgt im Kontext der strukturellen Koppelung mit der Umwelt. Entwicklung ist demzufolge kontextbezogen, was nichts anderes heißt, als dass sich auch die Systemumwelt entwickelt, zumindest verändert (Jantsch 1982, 117; Cranach 1990, 23). Moiras Familie muss neue Regeln und Verhaltensweisen entwickeln, um in der Phase von Moiras Entwicklungsarbeit ein Unterstützungssystem werden zu können. In einer Beratungssituation entwickelt sich nicht nur die hilfesuchende Person, sondern möglicherweise auch die helfende Person und kurz- oder langfristig gegebenenfalls auch das Dienstleistungssystems, beispielsweise dahingehend, in dem es für Eltern ein praktikableres Beratungssetting anbietet.

Aufgrund des Gesagten gibt es keine Vorwärts-, Abwärts-, Aufwärts- oder Rückwärtsentwicklungen. Leben ist ein ständiger Bewegungsvorgang mit Veränderungen und Entwicklungen. Bewegung und Veränderung können in ein langwieriges Auf und Ab münden, Veränderungen sind zwar gegeben, aber es ändert sich nicht wirklich etwas. Hingegen verweisen Entwicklungen auf eine nachhaltige Veränderung mit der Folge, dass das neue Entwicklungsniveau eine höhere Komplexität aufweist.

Im Folgenden möchte ich zwei Typen von Entwicklungen unterscheiden: die *organische Entwicklung* und die *evolutive Entwicklung*. Beide Entwicklungstypen bringen Neues hervor, jedoch kennzeichnet sich die organische Entwicklung durch einen relativ bruchlosen Übergang vom Alten zum Neuen. Das Neue kann nahtlos an das Alte angeschlossen werden, erschüttert es nicht und stellt es nicht in seinen Grundfesten in Frage. Eine kleine Firma wird langsam und organisch zu einem großen Betrieb. Anders die Entwicklung im Sinne der Evolution. Das Vorhergehende zeigt sich nicht mehr tauglich, um Lebensprozesse zu meistern, und es muss sozusagen das Koordinatensystem neu justiert werden. Das Alte muss nicht generell, jedoch partiell durch Neues überschrieben und mit Neuem verbunden werden. Dies geht in der Regel einher mit stärkeren Turbulenzen und Schwierigkeiten.

Je höher sich die Evolution des Lebens entwickelt hat – ich verwende den Begriff der Evolution[3] synonym zum Entwicklungsbegriff –, desto zentraler werden *Kommunikation* und *Information* für die menschliche Entwicklung als Basis der Systemerhaltung und der Weiterentwicklung. Die biologisch komplexeste Entwicklung zeigt der Mensch mit seinen Gehirnfunktionen; durch sie entsteht Bewusstheit als Grundlage für eine Identitäts- und Persönlichkeitsentwicklung und zur Schaffung kultureller und sozialer Systeme und Symbole (vgl. Cranach 1990, 26). Alle Entwicklungsprozesse, in die der Mensch eingebunden ist, setzen einen Zuwachs an Information voraus. Information steckt in Zellen, in kulturellen Codes, in der Funktionsweise von Maschinen. Wenn wir differenziertere Aufgaben übernehmen, wenn unser Denken und Fühlen vielschichtiger wird, wenn sich eine Gesellschaft mehr und mehr ausdifferenziert, ist der basale Träger die gespeicherte Information. Der Zuwachs an Information im menschlichen Bereich ist aber nun nicht gleich verlässlicher Indikator für eine Entwicklung, denn jegliche Veränderungsprozesse bergen einen Informationszuwachs. Eine reine Quantifizierung reicht also nicht aus, um einen Komplexitätszuwachs im Sinne einer Entwicklung zu beschreiben (vgl. Heiden 1997, 102ff.). Wenn ein Student plötzlich in der Lage ist, nicht nur 15-seitige Hausarbeiten zu schreiben, sondern auch eine 80-seitige Masterabschlussarbeit, dann sagt das Quantum noch nichts über die Qualität der Arbeit aus, sie könnte trotz ihrer 80 Seiten und trotz des gestiegenen Informationsumfanges inhaltlich völlig nichtssagend sein. Information ist also nicht beliebig, sondern es geht darum, wie qualitativ hochwertig und passend Informationen in Bezug auf die gestellte Aufgabe sind, wie sie untereinander vernetzt und organisiert werden und wie sie zu bewerten sind. Geradezu absurd wäre es, einem Straftäter eine Entwicklung zu bescheinigen, wenn er sich von einem Taschendieb hin zu einem Bankräuber verändern würde. Er müsste zwar mehr Wissen und Fähigkeiten haben, um das Delikt durchzuführen, würde sich aber gleichzeitig einem hohen Risiko aussetzen, ertappt und verurteilt zu werden. An seiner kriminellen Einstellung hat sich letztlich nichts Wesentliches verändert, außer, dass er einen größeren Coup startet. Das moralische Handeln ist als negativ und als Abstieg zu bewerten.

Das Beispiel zeigt: Entwicklungen lassen sich nicht isoliert bewerten sondern nur im Kontext der Umwelteingebundenheit und damit den sozio-kulturellen Vorgaben. Doch auch ein solcher Zugang stößt auf Grenzen. Wenn beispielsweise eine Frau aus einer muslimischen Kollektivkultur für sich mehr Freiheit und Autonomie fordert, wird sie ggf. aus ihrem Familienclan ausgestoßen. Was aus westlicher Sicht als Entwicklung im Sinne menschlicher Freiwerdung gilt, wird in der

---

[3] Zur Evolutionsthematik siehe u.a. Aschke 2002; Eisler 1989; Laszlow 2003; Lewin 1993; Meier 1992; Morris 2002; Riedl 1982.

anderen Kultur geächtet. Die Bewertung, ob eine Veränderung trotz Komplexitätszuwachs eine Entwicklung darstellt, unterliegt somit sozialen und kulturellen Deutungsprozessen. So ist die weiter oben angeführte Aussage von Carl Rogers, dass Entwicklung der immer freieren Entfaltung und Unabhängigkeit des Menschen dient, eine kulturelle Konstruktion westlicher Prägung und Kulturentwicklung.

Halten wir fest: Entwicklung setzt die Notwendigkeit voraus, mit den vorhandenen Strukturen und Bewältigungsmustern den endogenen oder exogenen Anforderungen nicht mehr gerecht werden zu können. Entwicklung bedeutet quantitativ einen Komplexitätszuwachs an Information und damit einhergehend qualitativ die Stabilisierung der System-Umwelt-Balance auf einem komplexeren Niveau. Hierzu gibt es aber kulturelle Vorgaben. Altes und Neues muss aufeinander abgestimmt werden und somit geht es um eine integrative Leistung von Halten, Loslassen und neu Verbinden. Dies setzt vom Menschen Eigenaktivität, Bewusstheit, Wille und zuweilen auch Mut voraus. Entwicklungswege stehen nicht beliebig zur Verfügung, sondern das biografische Gewordensein und die Umweltbedingungen bieten spezifische Möglichkeiten. Der Begriff der *Bifurkation* aus der Thermodynamik meint Verzweigungen. Symbolisch übertragen auf soziale Prozesse führt dieser Begriff zu den so genannten Wendepunkten oder Weggabelungen, an denen Entscheidungen zu treffen sind, welchen Weg man tatsächlich einschlägt. Hier zeigen sich dann Ambivalenzen, die von den Betroffenen zu meistern sind.

3. Innere Antriebskräfte von Entwicklungensprozessen

Weiter ob wurden Bewegungsgesetze von Entwicklung skizziert: Halten, Trennen/Loslassen, Integrieren gelten als zentrale Komponenten. Dies alles sagt jedoch noch nichts darüber aus, worauf die Entwicklung tatsächlich gerichtet ist. Die Thermodynamik benutzt in diesem Zusammenhang den Begriff des „Attraktors". Attraktoren gelten als Fixpunkte von Ordnungssystemen; in ihre Richtung läuft die Bewegung (vgl. Wehr 2002, 86). Bildlich gesprochen fungiert der Attraktor wie ein Magnet, auf den alles zuläuft. Marco Wehr gibt hierzu ein einfaches Beispiel: Eine Kugel in einem Wasserbecken mit einem Abfluss läuft in Richtung Abfluss, der sozusagen den Attraktor darstellt. Im Wirtschaftssystem lassen sich ebenso Marktattraktoren beobachten, beispielsweise ein bestimmter Sportartikel, der einen Massenabsatz findet. Systeme können durchaus mehrere Attraktoren haben, die Bewegungsabläufe bündeln. In solchen Fällen wäre dann herauszufinden, welcher Attraktor sich situativ durchsetzt. Auch können sich Attraktoren wandeln, abschwächen oder sich strukturell verändern; ein Attraktor kann durch einen anderen abgelöst werden. Je nach dem Komplexitätsgrad der System- und Umweltbedingungen lassen sich Attraktoren einfacher oder schwieriger lokalisieren oder gar antizipieren. Unter Mathematikern besteht wohl Einigkeit, dass Bewegungen im Umfeld des Attraktors von den Anfangsbedingungen des Systems abhängen. Dies korrespondiert mit systemtheoretischen Konzepten der Selbstorganisation von biologischen und sozialen Systemen, die besagen, dass das Verhalten von Systemen aus deren innerer operationaler Logik heraus verstanden werden muss. Daraus lassen sich aber keine logischen Ableitungen dahingehend folgern, welche Attraktoren sich durchsetzen und wie sich innersystemische Prozesse darstellen werden, zumal das Systemverhalten auch von Einflussgrößen der Umwelt abhängig ist (vgl. Coveney/Highfield 1994, 269; Haken 1995, 152ff.).

Der Begriff der Attraktoren umfasst verschiedene Typen wie den Fixpunktattraktor, den seltsamen bzw. chaotischen Attraktor oder den Grenzzyklusattraktor. Aus wissenschaftlicher Sicht soll hier nicht näher auf die einzelnen Typen eingegangen werden, sondern wir benutzen das Prinzip des Attraktors als Analogie, indem wir davon ausgehen, dass menschliches Tun eine innere Ursache, einen Antrieb besitzt, eine Art Attraktor oder Bedeutungsanzeiger. Hinter jedem Tun liegt eine innere Bedeutungszuschreibung und damit einhergehend eine Antriebsenergie.

Menschliches Leben vollzieht sich in Kategorien des physischen, psychischen, psychosozialen Überlebens und des guten Lebens. Ohne den Begriff des ‚guten Lebens" hier in seiner philosophischen Differenziertheit entfalten zu wollen, soll damit ausgedrückt werden, dass das biologische Überleben für den Menschen als Sinnhaftigkeit nicht ausreicht, sondern er braucht ebenso Erfüllung im Sozialen,

Personalen, Geistigen und Kulturell-ästhetischen.[1] Menschliches Leben, so die Humanwissenschaften, vollzieht sich bedürfnisorientiert. Es ist an die Befriedigung grundlegender Bedürfnisse geknüpft. Die Bedürfnisbefriedigung oder -nichtbefriedigung wirkt auf die Befindlichkeit des Individuums und geht mit Gefühlen der Lust oder Unlust einher. Bedürfnisse markieren sozusagen die innere Antriebsenergie und sind handlungsleitend. Gelingt es einer Person nicht, ihre Bedürfnisse in zufriedenstellender Weise zu befriedigen, wird aus einer systemischen Perspektive der innere Gleichgewichtszustand gestört. Als Folge treten Spannungen auf. Bei gravierenden Spannungen, sprich Störungen unternimmt das Individuum Bewältigungsanstrengungen, und zwar solche, die ihm gemäß seiner inneren Verfasstheit, seiner Potenziale und im Rahmen seiner Umwelteingebundenheit möglich sind. Bewältigungsformen sind häufig nachhaltig von den äußeren Bedingungen (Lebenswelt, Gesellschaft, Ereignisse) abhängig und können sich konstruktiv wie auch destruktiv zeigen.

Je dringender ein Bedürfnis befriedigt werden möchte, desto dringender braucht es eine Bewältigungsstrategie. Selbstverständlich wäre es zu simpel, menschliches Tun ausschließlich auf die inneren Antriebe zu reduzieren. Handlungen und Verhaltensweisen haben multifaktorielle Beweggründe, und nicht jedes Tun entspricht Bedürfnissen; häufig verhalten wir uns in routinierter Weise. Umwelteinflüsse können, wie bereits gesagt, das individuelle Tun ebenso stark beeinflussen. Doch bei aller Multifaktorialität von Handlungen und Verhaltensweisen zeigen sich beim Menschen viele Problemdimensionen, die mit der unzureichenden Befriedigung grundlegender Bedürfnisse zu tun haben. Bedürfnisse zu lokalisieren ist in diesem Zusammenhang nicht immer einfach. Sie können verbalisiert, verschleiert, ignoriert, verdrängt werden. Bei Kleinkindern lassen sie sich oft nur über Verhaltensweisen deuten.

In den Humanwissenschaften gibt es unterschiedliche Versuche, die Bedürfnisse zu kategorisieren und sie in eine Systematik zu bringen. Häufig wird von primären und sekundären Bedürfnissen gesprochen. Zu den *primären Bedürfnissen* zählen Nahrung, Schlaf, Sauerstoff, Obdach, Wärme, Aktivität und Entspannung, Neugier, Sexualität. Als *sekundäre Bedürfnisse* werden insbesondere das Bedürfnis nach Geborgenheit und Sicherheit, sozialer Zugehörigkeit und Austausch, nach Anerkennung, Solidarität, Selbstbestimmung, Lernen, Erkenntnis, Wissen, Verstehen und Orientierung, Struktur und Ordnung, nach Ästhetik und Sinn benannt (vgl. Holzkamp 1985).

Bedürfnistheoretische Ansätze, die in der Fachwelt breit diskutiert worden sind, haben u.a. Abraham Maslow (2002), Alderfer (1972) sowie Herzberg, Mausner (1993) vorgelegt.

---

[1] Vgl. dazu auch Wirtz/Zöbeli 1995.

Maslow zählt zu den Pionieren auf diesem Gebiet und die meisten Bedürfnis- und Motivationsforscher setzen sich mit seinem Ansatz auseinander. Maslow gehört auch gegenwärtig noch zu den meist rezipierten Theoretikern, wenngleich bezüglich seiner Bedürfnispyramide entsprechende Kritik vorgetragen worden ist.[2] Sein Zugang wie auch darauf aufbauende Weiterentwicklungen, beispielsweise die von Alderfer, erlauben es einerseits, die Bedürfnisse zu kategorisieren, und andererseits auch Dynamiken in Bezug auf Befriedigung/Nichtbefriedigung aufzuzeigen.

Ich stütze mich im Folgenden insbesondere auf das Maslowsche Konzept, weil es entwicklungsorientiert angelegt ist und für unsere Fragestellung aussagekräftig ist. Vor allem die Erfahrungen mit Menschen in problembezogenen psychosozialen Kontexten zeigen die Anwendungstauglichkeit des Stufenmodells von Abraham Maslow. Mit seiner Hilfe soll der Zusammenhang zwischen Bedürfnissen als innere Antriebskräfte und Entwicklung herausgearbeitet werden.

Abraham H. Maslow (1908-1970) bezeichnet die Bedürfnisse als das Essentielle des menschlichen Lebens. Er kategorisiert Bedürfnisse im Sinne einer hierarchischen Anordnung und unterscheidet die *grundlegenden Bedürfnisse* von den *Wachstumsbedürfnissen*. Für ihn stehen das Reifen und das Entwickeln menschlicher Potenziale hin zur Selbstverwirklichung im Vordergrund. Als Vertreter eines humanistischen Menschenbildes geht er davon aus, dass der höchste Sinn des Menschen in der *Selbstverwirklichung* liegt. Sie ist nicht im Sinne von egoistisch gedacht, sondern zeigt sich sinn- und wertorientiert. Die Selbstverwirklichung kürt den Endpunkt der Wachstumsbedürfnisse, und Maslow geht davon aus, dass diese eine stärkere psychische Gesundheit ermöglichen. Veranschaulicht wird dies durch seine Bedürfnispyramide:

---

[2] Vgl. u.a. Neuberger 1974.

3. Innere Antriebskräfte von Entwicklungsprozessen

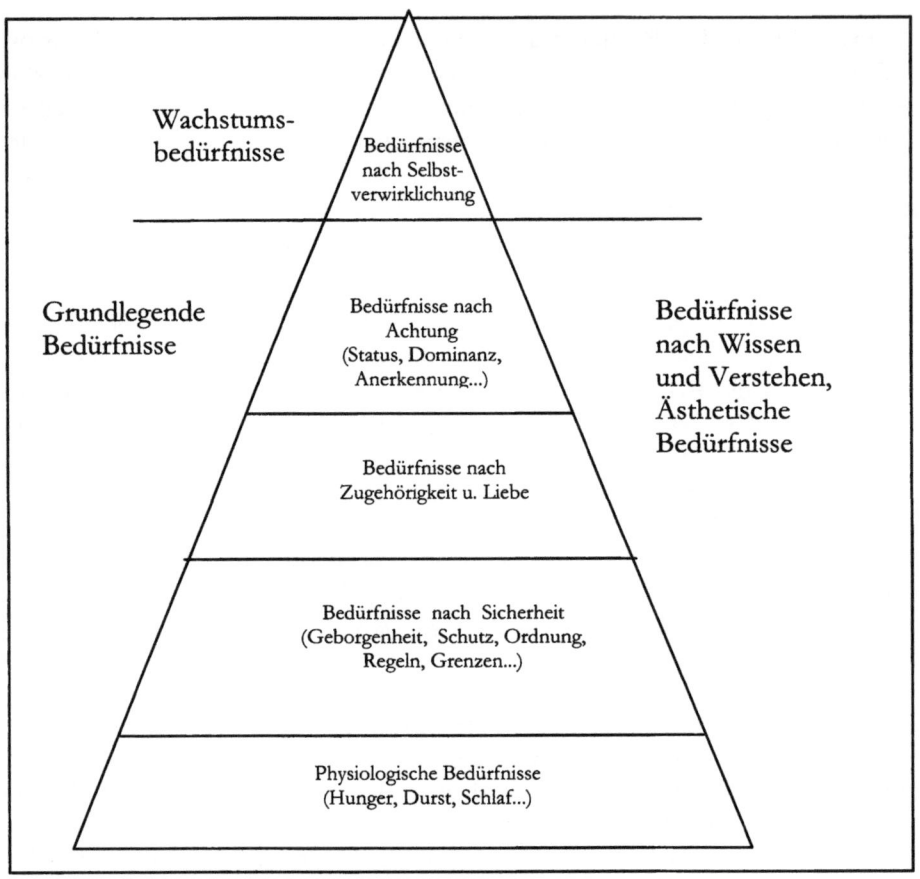

Abb. 1: Bedürfnispyramide nach Maslow

Die *physiologischen Bedürfnisse*, so Maslow, sind die mächtigsten unter allen; sie lassen sich zum konsumierenden Verhalten aktivieren und eigenen sich für Kompensationen, z.B. die Kompensation des Hungers nach Liebe durch Essen. Sie sind Kanäle für alle möglichen anderen Bedürfnisse (Maslow 2002, 62f.).

Als Indizien für ein auffallendes (neurotisches) *Sicherheitsbedürfnis* nennt der Autor: zwanghaften Ordnungssinn, Sparkonten und Versicherungen, das Klammern an eindeutige Weltbilder und Weltanschauungssysteme, das Sich-Bewegen nur auf gewohntem Terrain, die Suche nach Beschützern und Bedrohungsgefühle.

Ist das *Bedürfnis nach Zugehörigkeit und Liebe* nicht zureichend gestillt, wird Einsamkeit, Zurückweisung und Ausgrenzung, Trennung wie auch Entwurzelung sehr stark empfunden.

Das Gefühl von *Selbstachtung* führt zu Selbstvertrauen und Kompetenz und zu dem Gefühl, nützlich zu sein. Ein Mangel an Selbstachtung drückt sich aus in

Minderwertigkeitsgefühlen, Schwäche, Hilflosigkeit, Entmutigung. Die gesündeste Selbstachtung basiere, so Maslow, auf „verdientem" Respekt der Außenwelt (Maslow 2002, 72f.). Grade diese Stufe macht deutlich, dass Maslow die Bedürfnisse nicht als egoistische Elemente menschlichen Daseins versteht, sondern für ihn gehören gesunde egoistische Anteile zum psychischen Gesundsein. Die Bedürfnisse nach Achtung und Selbstwert helfen dem Individuum, gegenüber seiner Umwelt ausreichend Distanz aufzubauen, um Beeinflussungen oder Vereinnahmungen kritisch prüfen zu können; sie ermöglichen zudem, Umwelt auf die eigenen Belange hin zu beeinflussen (Maslow 2002, 98).

Selbstverwirklichung bedeutet für Maslow das zu werden, wozu man fähig ist. Selbstverwirklichung ist wachstumsorientiert und drückt keinen inneren Mangel aus, wie dies bei den anderen Stufen der Fall ist. Sich selbst verwirklichende Menschen beschreibt er als ethisch orientiert, mit einem demokratischen Verständnis und Offenheit. Sie zeigen sich sehr autonom gegenüber konventionellen und moralischen Vorgaben. Das, was sie tun, tun sie aus innerem Antrieb und um ihrer Selbst willen, nicht als Egoisten, sondern durchaus bezogen auf ihre Umwelt. Die verantwortliche Aufgabe, die sie übernehmen, ist aber nicht Pflicht, sondern Erfüllung (Maslow 2002, 188ff.). Die philosophische Beschäftigung hat einen wichtigen Stellenwert in dieser Stufe. Ebenso können Mystik und Spiritualität von Bedeutung sein. Maslows Vorstellung des sich selbst verwirklichenden Menschen ähnelt in gewisser Weise dem „großgearteten" Menschen, wie ihn Aristoteles im IV. Buch in der Nikomachischen Ethik beschreibt. Aristoteles beschreibt diesen Typus als hochsinnig, besonnen, maßvoll, bescheiden, fähig zur Selbsteinschätzung, wertorientiert, hilfreich, überlegen, offen, aufrichtig und unabhängig.

Die *Bedürfnisse nach Wissen und Verstehen* sowie nach *Ästhetik* liegen eher quer zu den bereits genannten Bedürfnissen. Wissen und Verstehen dienen sowohl der Selbstverwirklichung wie auch als Instrument, um die grundlegenden Bedürfnisse befriedigen zu helfen. Das Verlangen nach Ästhetik ist bei manchen Menschen ganz besonders ausgeprägt, und eine unschöne Umgebung kann für diese Menschen sehr einschränkend und bedrückend wirken.

Insgesamt denkt Maslow in einer Person-Umwelt-Perspektive. Dazu gehört nicht nur die Steuerung und Manipulierbarkeit der Bedürfnisse durch äußere Anreize (z.B. Werbung). Vielmehr macht Maslow darauf aufmerksam, dass Bedürfnisbefriedigung kein einseitiger Akt ist. Eine ausschließliche Bedürfnisbefriedigung der Kinder beispielsweise durch die Eltern läuft Gefahr pathologisch zu werden, wenn die Eltern nicht selbst ihre Bedürfnisse artikulieren. Auch löst, so Maslow, eine annähernde Bedürfnisbefriedigung nicht alle Probleme der Identität. Hier also auch vom Autor der Hinweis, dass Bedürfnisse nicht hinreichend sind, um menschliches Befinden und Handeln zu erklären. Dennoch zeigen sie sich als ein zentraler Schlüssel.

Sind die niederen Bedürfnisse befriedigt, so tauchen nach Maslow die höheren Wachstumsbedürfnisse auf. Dieser Schematismus wurde Maslow immer wieder negativ ausgelegt, wenngleich der Autor zu verdeutlichen versuchte, dass er nicht von einer starren Ordnung ausgeht und sehr wohl Ausnahmen in Bezug auf Gewichtungen zulässt (Maslow 2002, 79). Seine Ausführungen dazu haben jedoch diesen Kritikpunkt nicht wirklich bereinigen können.

Maslow zeigt auf, dass bestimmte Bedürfnisse in ihrer Bedeutung übersprungen werden können. Auch muss ein Bedürfnis nicht vollständig befriedigt sein, damit das nächste auftritt. Er sieht sogar die Bedeutung einer umfassenden Befriedigung einer Bedürfniskategorie umso geringer, je weiter man in der Bedürfnishierarchie voranschreitet. Hypothetisch nimmt er an, dass der Durchschnittsmensch wohl zu 85 Prozent in seinen physiologischen Bedürfnissen, zu 70 Prozent in seinen Sicherheitsbedürfnissen, zu 50 % in seinen Liebesbedürfnissen, zu 40 Prozent in seinen Selbstachtungsbedürfnissen und zu 10 Prozent in seinen Selbstverwirklichungsbedürfnissen befriedigt ist. Dies ist sicherlich mehr als hypothetisch und eine sehr westliche Sicht. Seine Botschaft ist eindeutig. Je höher die Bedürfnisse, desto tiefer empfundenes Glück und empfundene Zufriedenheit sind möglich. Dieser Ansatz korrespondiert mit philosophisch-aufklärerischen Konzepten, die besagen, dass der Mensch, je weiter er geistig voranschreitet, umso reifer und tiefer zur Menschwerdung gelangt. Hinsichtlich eines praktischen Glücksempfindens ist eine solche These durchaus kritisch zu werten. Familienarbeit kann sehr wohl beglückender sein als etwa das Ringen um Anerkennung und Position. Mit Wertungen, welche Stufen mehr Glück und Zufriedenheit versprechen, ist Vorsicht geboten. Vielmehr ist der Vielfalt menschlichen Glücks- und Zufriedenheitsempfindens Rechnung zu tragen. Freilich unterscheiden sich in diesem Zusammenhang philosophische und alltagsorientierte Konzepte eines glücklichen Lebens.

Maslow weist darauf hin, dass die höheren Stufen mit den mächtigen Bedürfnisstufen auf der ersten und zweiten Ebene ringen. Das ist nicht von der Hand zu weisen. Die Werbung hat dieses Faktum als Manipulationspotenzial längst entdeckt und setzt erfolgreich auf orale Genüsse, auf Sex und Sicherheit, letzteres beispielsweise durch Versicherungen, Gesundheitspräparate, saugfähige Windeln etc.

Je höher die Bedürfnisse sind, so Maslow, umso mehr ist der Mensch darauf angewiesen, dass er geeignete Umweltbedingungen hat, um seine höheren Bedürfnisse befriedigen zu können. Dies wiederum sei eine Frage der gesellschaftlichen Entwicklung. Der historische Blick auf die formale Gleichberechtigung der Frau lässt diese These exemplarisch bestätigen. Ohne gesellschaftliche Entwicklungsprozesse wäre eine Gleichberechtigung der Geschlechter nicht ansatzweise zu realisieren.

Eine hierarchische Anordnung der Bedürfnisse läuft nun allerdings Gefahr auszublenden, dass alle Bedürfnisse miteinander vernetzt sind und interagieren. Um physiologische Bedürfnisse zu befriedigen, braucht es das soziale Eingebundensein, die Kinder brauchen familiale Betreuung und die Erwachsenen in der Regel eine existenzsichernde Beschäftigung, zumindest eine sozialstaatliche Existenzsicherung. In allen Stufen sind die anderen Stufen gewissermaßen integriert. Und je nach Rolle und Lebenssituation werden bestimmte Stufen parallel favorisiert. Eine Unternehmerin kann mit hoher Autonomie ihren Betrieb leiten und lebt privat Stufe 3 (Bedürfnis nach Zugehörigkeit und Liebe). Bedürfnisstufen können auch miteinander in Konkurrenz stehen. Viele Frauen möchten eine Familie und Kinder plus eine interessante, sie ausfüllende Erwerbstätigkeit. Oder eine Person hat ein hohes Sicherheitsbedürfnis und will gleichzeitig frei sein. Menschliches Tun kennzeichnet sich durch ein ständiges Ausbalancieren von Bedürfnissen und das Bewältigen von Defiziten. Probleme treten dann auf, wenn die Bewältigung Formen annimmt, die für die Person und ihre Umwelt belastend sind und durch die eine Person die Kontrolle über sich und ihr Leben verliert oder wenn der annähernd reflektierte Umgang mit den eigenen Bedürfnissen nicht zureichend gelingt.

Der Aspekt der Parallelisierung von Bedürfnissen kommt in Maslows Ansatz zugegeben zu kurz. Etliche Fragen bleiben offen, beispielsweise welche Bedürfnisstufe für eine Person in einer bestimmten Lebenssituation oder Lebensphase besonders bedeutsam ist und wie sich das darauf bezogene Bewältigungsverhalten in dieser Phase typischerweise darstellt?

Halten wir fest: Maslow kategorisiert Bedürfnisse, und es ist sein Verdienst, eine allgemein akzeptierte, nachvollziehbare Unterscheidung von zeitlich sich verschiebenden Bedürfnissen vorgenommen zu haben, die heute noch Grundlage für jede weiterführende Motivationsdiskussion darstellt. Sein besonderer Fokus ist die hierarchische Anordnung von Bedürfnissen im Sinne einer Entwicklungsperspektive.

In unserem Kontext ist der Ansatz auch interessant, wenn man Entwicklung als Prozess versteht, durch den die nächst höhere Entwicklungsstufe stets komplexer und differenzierter ist als die vorhergehende. Aus einer solchen Perspektive und Entwicklungsdefinition heraus kann Maslows Stufenmodell aus der Kategorie Bewusstsein und Erkenntnis heraus gefasst werden. Bei einem solchen Zugang macht es dann Sinn, die nächst höhere Stufe als „höher" zu bezeichnen und zwar höher im Sinne von höherer Komplexität. Vergleicht man die Stufe der sozialen Bedürfnisse mit der Stufe nach Achtung und Wertschätzung, dann kennzeichnet sich letztere dadurch, dass sich eine Person unabhängiger gemacht hat von den Vorgaben einer sozialen Gruppe. Eigene Wünsche und Anliegen werden thematisiert und durchgesetzt, im Zweifelsfall wendet man sich gegen die Erwartungen des Kollektivs bzw. der Gruppe. Dies ist bewusstseinsmäßig von höherer Komplexität, weil sich eine Person immer wieder definieren und sich mit ihrer Umwelteingebundenheit aktiv auseinandersetzen muss, um Selbst- und Fremdanerkennung zu erhalten bzw. die Nichtanerkennung auszuhalten. Es genügt nicht mehr, die Gruppenregeln zu befolgen und dadurch Zugehörigkeit und Anerkennung zu finden.

Auf den Stufen der Wachstumsbedürfnisse verfügt eine Person insgesamt über differenzierte Bewusstseins- und Erkenntniskompetenzen, um ihr Leben und die Welt zu reflektieren und um eigene Wertkategorien nach selbst- und sozialverantwortlichen Kriterien zu formulieren und darauf bezogen zu handeln. Wenngleich Bewusstsein schwer zu fassen ist und die Wissenschaften bis heute überfordert sind, Bewusstsein in seiner Funktionsweise zu erklären, soll hier Bewusstsein für das erkennende Subjekt stehen, gleich ob mehr kognitiv oder mehr emotional-intuitiv erkennend. Es geht um Fragen des In-der-Welt-Seins, des sinnhaften Lebens wie überhaupt um einen Prozess des tieferen Verstehens von Leben und Welt. Wachstumsbedürfnisse in dem von Maslow verstandenen Sinn münden in einen Verstehensprozess, der in verantwortliches Handeln umgesetzt wird.[3] Übrigens wird ein solcher wachstumsorientierter Zugang beispielsweise durch Jean Piagets kognitives Entwicklungsmodell und Kohlbergs Konzept der moralischen Entwicklung flankiert. Auch diese Modelle münden in einen ausgereiften und hohen Entwicklungsmodus des Individuums. Bei allen gehört die Entwicklung der Erkenntnis zum Grundpotenzial des Menschen.

Problematisch wäre es, aus dem Maslowschen Stufenmodell eine Wertung im Sinne von besser und schlechter abzuleiten. Westliche Kulturen begünstigen vor allem die Stufe der Anerkennung; Leistung, Autonomie und Status gelten als erstrebenswert. Die Probleme und sozialen Verwerfungen individualisierter Gesellschaften müssen hier nicht eigenes benannt werden, um darauf hinzuweisen, welche Probleme diese Stufe aufwirft. Studien zeigen, dass sich viele Menschen in Afrika trotz materieller Schlechterstellung durch ihre kollektive Eingebundenheit glücklicher wähnen als die leistungsorientierten und autonomen Angehörigen individualisierter Gesellschaften. Mehr Komplexität und Freiraum führen nicht automatisch zu weniger Problemen. Im Gegenteil.

Eine holistische Denkweise, die auch Maslow vertritt, geht davon aus, dass sich jede Stufe im Zuge der Vorstufen entwickelt, dass frühere Erfahrungen und Erkenntnisse transformiert werden und in veränderter Form in die neue Stufe integriert werden, sei es, dass alte Erfahrungen mit neuen Erfahrungen überschrieben werden, oder dass frühere Erfahrungen und Richtigkeiten in ihrer Bedeutung als geringer angesetzt werden. So hat beispielsweise in der Stufe der Achtung die Anerkennung des Kollektivs, weil allgemeine Regeln eingehalten werden, für eine autonome Person geringere Bedeutung als die Anerkennung individueller Leistungen. Korrespondiert mit der Stufe der Zugehörigkeit das Familienmodell mit lebenslangen Beziehungsstrukturen, so wird dieses auf der Stufe der Achtung brüchig. Kurzlebige Partnerschaften, Scheidungen, Trennun-

---

[3] Bollnow (1970) hat hierzu mit seinem Werk *Philosophie der Erkenntnis* einen interessanten Beitrag geleistet.

gen und der Wunsch nach gelingenden Beziehungen tritt zunehmend an die Stelle langlebiger Beziehungsformen. Traditionelle Familienkonzepte sind zwar nicht passé, jedoch geht es in zunehmend individualisierten Gesellschaften mehr und mehr darum, Beziehungsmodelle zu gestalten und zu leben, die entwicklungsoffen, von relativer Dauer und gleichzeitig von Verantwortung und Achtung getragen sind. Jede Stufe hat also ihre eigenen Herausforderungen, und es müssen geeignete Lösungen gefunden werden. Jede Stufe schöpft dabei aus dem Reservoir der Vorstufen und ist gleichzeitig auf die Erweiterung dieses Reservoirs angewiesen.

Insgesamt zeigt das Bedürfnismodell einen evolutionären Zuschnitt, da jede folgende Stufe eine höhere Komplexität der Bedürfnisbewältigung voraussetzt, und zwar im Fühlen, Denken und Handeln. Aussagen zu den unterschiedlichen Dynamiken im Kontext der Stufenentwicklung sind im Maslowschen Modell eher begrenzt. Auch dies wurde in der Rezeption kritisch aufgegriffen, und so versuchte beispielsweise Alderfer (1969) in der Beschäftigung mit Maslow die dynamischen Konsequenzen von Mängelzuständen weiter zu entwickeln. In Anlehnung an Maslow teilt er die Bedürfnisse in drei Kategorien ein: Grundbedürfnisse, soziale Bedürfnisse und Entfaltungsbedürfnisse. Darauf bezogen beschreibt er folgende Dynamiken:

- Je weniger die Grundbedürfnisse befriedigt werden, desto stärker werden sie.

- Je weniger die sozialen Bedürfnisse befriedigt werden, desto stärker werden die Grundbedürfnisse.

- Je mehr die Grundbedürfnisse befriedigt werden, desto stärker werden die sozialen Bedürfnisse.

- Je weniger die sozialen Bedürfnisse befriedigt werden, desto stärker werden sie.

- Je mehr die sozialen Bedürfnisse befriedigt werden, desto stärker werden die Entfaltungsbedürfnisse.

- Je weniger die Entfaltungsbedürfnisse befriedigt werden, desto stärker werden die sozialen Bedürfnisse.

- Je mehr die Entfaltungsbedürfnisse befriedigt werden, desto stärker werden sie (zit. nach von Rosenstiel 1992, 370f.).

Kommen wir zurück auf Moira (Müller 2003): Die Antriebskräfte für ihren Schlankheitswahn lassen sich mit den Bedürfnissen nach Sicherheit und Kontrolle, nach Attraktivität und Perfektion, danach, etwas Besonderes und Herausragendes sein zu wollen, beschreiben.

„Meine ganze Seele lechzt danach, erfüllt, verstanden und perfekt gefunden zu werden, lechzt nach jemanden, der mich respektiert, meine Würde nicht verletzt und mich genau so liebt, wie ich bin." (S. 47)

Alderfelders Aussage: *Je weniger die sozialen Bedürfnisse befriedigt werden, desto stärker werden die Grundbedürfnisse,* können uns helfen, Dynamiken zu deuten. Moira ist von ihrer kleinen Schwester vom Thron gestürzt worden und hat ihren exklusiven Status, durch den sich alles um sie dreht, verloren. Möglicherweise ist dies das Trauma eines zur Egozentrik neigenden Kindes. Verlust und Unsicherheit kennzeichnen ihr inneres Fühlen. Der Verlust auf Stufe 3 (Zugehörigkeit und Bindung) wird durch Stufe 2 (Sicherheit) und Stufe 4 (Anerkennung) in besonderer Weise kompensiert. Ihrem Kontrollbedürfnis wird Moira gerecht, indem sie versucht, ihren Körper (Stufe 1) und ihr Leben unter ihre Kontrolle zu bringen. Das Bedürfnis nach Perfektion und Besonderheit (Stufe 4) lebt sie in zwanghafter und egozentrischer Weise an ihrem Körper aus. Nicht einfach das gesellschaftlich bereits übertriebene Maß in Bezug auf Schlanksein und Schönsein setzt sie an, sondern das außergewöhnliche Maß wird angestrebt. Es zu erreichen macht sie stolz und süchtig zugleich. Die Verschränkung von Stufe 2 und 4 bestimmt ihr Leben, engt es ein auf Essen und Gewichtsabnahme, und es entsteht eine für sie nicht mehr kontrollierbare Eigendynamik, die den Verlust und die Beziehungsprobleme auf Stufe 3 verdrängt. Sie kann sich nicht in den Familienverband einordnen und spielt dort eine Sonderrolle; sie konkurriert mit der Schönheit ihrer Mutter; ebenso fällt es ihr schwer, mit Gleichaltrigen altersgemäß umzugehen. Auch dort spielt sie gerne eine Sonderrolle als Ratgeberin.

Zwanghaft kontrolliert sie ihr Leben: Die Nahrungsaufnahme wird exakt kontrolliert, und der Terminkalender zeigt alle möglichen Aktivitäten, die Minute für Minute aufgeführt sind. All das vermag das Bedürfnis nach Sicherheit zumindest partiell zu befriedigen. Solange die umgelenkte Bedürfnisbefriedigung über den Faktor Selbstkontrolle einigermaßen funktioniert und sogar noch Lustgewinn ermöglicht, sind die Versuche der Eltern und der professionellen Unterstützer, Moira aus ihrer Sucht herauszuhelfen, zum Scheitern verurteilt. Erst durch den Verlust der Kontrolle, den sie durch die bedrohlichen Symptome ihres Körpers hautnah erfährt, ist die Chance für einen Wendepunkt gegeben. Moiras Attraktoren sind also das Bedürfnis nach Sicherheit und Kontrolle und das Bedürfnis nach Anerkennung, das narzistisch ausgeformt ist. Die Attraktoren stellen sich als Kompensationen für das eigentliche Bedürfnis nach Liebe und Geborgenheit dar.

Das Verhalten des Therapeuten geht in Passung zu Moiras Attraktoren, sprich zu ihren Leitbedürfnissen. Er arbeitet nicht in erster Linie auf Stufe 1, wenngleich er mit ihr einen Essenskontrakt macht, sondern arbeitet auf Stufe 2 und 4, wie auch auf Stufe 3, die bei Moira sehr unterentwickelt ist.

Der Therapeut gibt Sicherheit durch seine Präsenz und sein vertrauensvolles Dasein. Er achtet auf Ordnung und Disziplin, womit Moira zwar zu kämpfen hat, die aber ihrem Bedürfnis nach Kontrolle letztlich entgegenkommen. Er respektiert ihre symbiotischen Bedürfnisse, indem er ihr eine (durchaus unkonventionelle) Hilfesituation anbietet, wo Moira die Hilfe nicht mit anderen Klienten teilen muss, wo sie aber lernt, den Alltag zu teilen und ihre sozialen Aufgaben zu übernehmen. Sie erfährt Zugehörigkeit und emotionale Zuwendung, jedoch auch die Übernahme von Pflichten, was für ein konstruktives Zusammenleben Voraussetzung ist. Damit erfolgt Entwicklung auf der Stufe 3 (Zugehörigkeit).

Ihr Bedürfnis nach Anerkennung wird gestillt, indem der Therapeut sie mit Respekt behandelt und sich intensiv mit ihr auseinandersetzt: Er spiegelt ihre Masken, sie fühlt sich erkannt, sozusagen anerkannt durch erkannt werden. Er zwingt sie nicht zu einem bestimmten Verhalten, sondern setzt sich mit ihr kommunikativ auseinander und arbeitet darauf hin, dass sie sich ihrer Bedürfnisse wie auch ihrer selbstgefährdenden Strategien bewusst wird. Dort, wo sie den Kontrakt verletzt und damit auch ihn, den Therapeuten, übergeht, fordert er Respekt ein und setzt ihr Grenzen. So wird er Modell für Selbstachtung, Respekt und Würde.

Die Arbeit zusammen mit dem Therapeuten trägt Früchte in Bezug auf alle grundlegenden Bedürfnisstufen. Sie isst regelmäßiger, lenkt ihre Kontrollbedürfnisse mehr und mehr weg vom Körper und hin zur Strukturierung des Alltags, sie kann sich allmählich in Andere besser hineindenken und sich offener zeigen. Insgesamt kann sie ihr Fühlen und Tun besser wahrnehmen.

Halten wir fest: Entwicklungen und auch Veränderungen, so die These, vollziehen sich vor dem Hintergrund von Bedürfnissen. Sie zeigen sich als innere Antriebskräfte für Fühlen, Denken und Handeln. Da, wo sich Entwicklungen problematisch darstellen, blockiert sind oder wo regelrechte Problemspiralen entstehen, gilt es nach den *echten Bedürfnissen und nach den Kompensationsbedürfnissen* zu fragen, die das Fühlen, Denken und Handeln nachhaltig bestimmen. Sie alle sind sozusagen die Attraktoren, auf die sich die Energie richtet. Disfunktionale Bewältigungsstrategien sind vor dem Hintergrund unerfüllter Bedürfnisse zu deuten, um Aufschluss über den Sinn des Tuns zu bekommen, bei gleichzeitigem Wissen, dass Bedürfnisse dazu keine erschöpfenden Erklärungen darstellen. Jedoch sind sie Indikatoren, die für das Problemverstehen und für Hilfemaßnahmen zugrundegelegt werden können.

Die Umwelt liefert die Rahmenbedingungen für die Austauschprozesse und gibt Impulse für Formen der Bedürfnisbefriedigung; sie verführt auch zu ganz bestimmten Bewältigungsdramaturgien. Verführung setzt aber voraus, dass das Angebot mit inneren Bedürfnissen korrespondiert.

4. Vier Stufen der Entwicklung

Wurden im vorausgehenden Kapitel die inneren Antriebskräfte von Entwicklungen mit Hilfe des Bedürfnisansatzes dargelegt, so geht es im Folgenden darum, die Dramaturgie von Entwicklungen in einem ersten Schritt exemplarisch darzulegen, um die einzelnen Phasen dann in den folgenden Kapiteln in ihrer typischen Ausprägung zu beschreiben.

Aus einer systemischen Perspektive lässt sich nicht von linearen Entwicklungsprozessen ausgehen. Entwicklungen zeigen sich vielschichtig und individuell unterschiedlich. Bis es zu einem Wendepunkt kommt, muss beim einen viel passieren, beim anderen genügen wenige Impulse, um den Aufbruch zu wagen. Es gibt entwicklungsfreudige Menschen und solche, die von ihrem ewigen Auf und Ab nur mühsam oder gar nicht loskommen. Auch gibt es nicht zwangsläufig einen Wendepunkt. Menschen können sich in "Nischen" einrichten und dort ausharren. Wie auch immer: Im Rahmen von Entwicklungsprozessen gibt es bestimmte Phasenverläufe, die sich beobachten lassen. Das muss freilich nicht bedeuten, dass jede Entwicklung genau solchen Phasenverläufen entspricht. Modelle sind dazu da, Typisches und wiederholt Beobachtbares zu fassen und Handreichungen für die Praxis zu liefern. Modelle sind Analyse- und Handlungshilfen für komplexe Situationen. Sie sind reduzierte Komplexität in Form von Hintergrundfolien, die helfen, Grundlegendes zu fassen und zu verstehen. Modelle sind begründete Hilfen und keinesfalls absolute Wahrheiten. Beim Facettenreichtum menschlicher Entwicklungen ist es durchaus eine Herausforderung, basale Entwicklungsvorgänge modellhaft aufzuzeigen; diese Herausforderung kann nur bestanden werden, wenn trotz aller Typisierung Raum bleibt für die Vielfalt subjektiver Veränderungen und Entwicklungsverläufe.

Der Fall Hasselbach

Ingo Hasselbach beschreibt in seiner Autobiografie (Hasselbach/ Bonengel 1993) seinen Ausstieg aus der Neonazi-Szene. Das Buch ist als Brief des Sohnes an den Vater konstruiert, durch den der Sohn seine Lebensgeschichte erzählt. Diese beginnt mit „Lieber Hans!".

In Hasselbachs Leben war der Vater nur etwa fünf Monate präsent, und der Sohn hat den Vater stets vermisst. Ingo H. wächst zunächst in einem Kinderheim, dann bei seinen Großeltern auf. Mit vier Jahren kommt er schließlich zu seiner Mutter und zu seinem Stiefvater. Der Junge fühlt sich durch seinen Stiefvater benachteiligt und diskriminiert und erfährt zudem Gewalt. Er wendet sich von der Familie ab und nutzt sie als Heranwachsender, wie er sagt, lediglich als Schlafplatz, treibt sich auf der Straße herum und lebt in verschiedenen Wohnungen.

Als 13-jähriger kommt er in Kontakt mit Jugendlichen aus der Hippieszene. Das Kommunenleben gefällt ihm, zeigt es sich doch sehr lustorientiert. Arbeit spielt keine Rolle, es gibt reichlich Alkohol und man kümmert sich um ihn, den Jüngsten von allen. Er fängt an, Alkohol zu klauen, und schnüffelt an Fleckenentferner und Benzin. Die Hippieszene in der damaligen DDR ist mit der Punk- und Naziszene verquickt. Zusammen ist man die Außenseitergruppe, doch allmählich sondern sich die Gruppen voneinander ab.

Mit seinem Freund Eddy wechselt Ingo H. schließlich zu den Punks, die im Vergleich zu den braven Hippies aggressiver auftreten. Sie provozieren mit ihrem Outfit, ihrer aggressiven Musik, mit provokativen Sprüchen und auffälligem Verhalten. Ingo H. gefällt sich in der „starken" Gruppe. *„Endlich hatte ich durch mein Auftreten eine eigene Identität gewonnen."* (17).

Die aggressiven und grenzüberschreitenden Handlungen lassen bei ihm kein Unrechtsbewusstsein entstehen, und er gerät in dieser Zeit mit dem Gesetz in Konflikt. Kumpels landen im Knast, er und sein Freund werden wegen Diebstahls zu 5000 Mark Geldstrafe und einem Jahr Bewährung verurteilt. Die entsetzte Mutter und die Großmutter bringen das Geld auf.

Die politische und polizeiliche Umwelt verstärkt das auffällige Verhalten. Die politische Zwangssituation durch den DDR-Staat motiviert das provokative Auftreten der Gruppe, und gleichzeitig sieht die Polizei in entscheidenden Situationen weg, was, so Hasselbach, zur Steigerung der Aggressionen führt, bis die Polizei dann doch eingreift.

Ingo Hasselbach kommt erneut vor den Richter und diesmal hat er die Wahl zwischen Knast oder leiblichem Vater. Der ist Journalist und Mitglied der SED und zeigt sich plötzlich bereit, seinen Vaterpflichten nachzukommen. Ingo H. kommt alsdann in eine *„ordentliche sozialistische Familie",* wie er schreibt. Anfangs hat er gute Vorsätze, doch das Umerziehungsvorhaben des Vaters und dessen Ordnungssinn bringen den Jungen gegen ihn auf. Zudem verbietet ihm der Vater jeglichen Kontakt mit der Mutter, was für den Jungen unakzeptabel ist. Es kommt zum Streit, und der Vater wirft seinen Sohn aus der Wohnung. Der landet daraufhin wieder bei seinen Kumpels und wird kurz darauf wegen Brandstiftung in betrunkenem Zustand verhaftet und wieder zu einer Geldstrafe verurteilt. Dann lernt er Christine kennen, die er kurz darauf heiratet. Mit einem Ehekredit von 7000 Mark hofft er ein normales Leben „ohne Dummheiten" führen zu können. Doch bereits nach einem Monat landet er wieder im gewohnten Sumpf, beteiligt sich an einer politischen Provokation („Die Mauer muss weg") und landet daraufhin als politischer Gefangener ein Jahr im Gefängnis.

In dieser Zeit kommt er für etwa vier Wochen in eine drei mal drei Meter kleine Einzelhaftzelle. Ingo H. wird traumatisiert, fühlt sich kurz vor dem Durchdrehen, bekommt Weinattacken, verfällt in Apathie und Depression. Seine Gefühle, so schreibt er, sind wie abgetötet, mit der Folge, dass er sich nicht mehr angreifbar fühlt. *„Diese Gefühllosigkeit ist ein anderer schrecklicher Zustand, gegen den ich heute noch manchmal anzukämpfen habe."* (27).

Seine Frau Christine hält Kontakt zu ihm, besucht ihn auch, was ihm Kraft und Durchhaltevermögen gibt. Doch bald lernt sie einen anderen Mann kennen und will die Trennung. Ingo H. fühlt sich vollkommen überrollt: *„Schlimmer konnte es nicht mehr werden."*

Nach weiteren fürchterlichen Knasterfahrungen, die er als *„Charakterschule für Neonazis"* betitelt, wird er entlassen. Er nimmt Kontakt zu gesuchten Skinheads auf, und die Alkoholexzesse beginnen erneut. Gleichzeitig arbeitet er im Betrieb seines Schwiegervaters. Der bemüht sich um die Ehe der Kinder, und es gelingen ihm sogar Kitt- und Vermittlungsversuche. Doch der Kitt hält nicht lange, denn während einer Urlaubsreise mit Christine lässt sich Hasselbach mit einer anderen Frau ein. Die Ehe wird geschieden.

In der Folge trifft er sich jeden Abend mit Kumpels in Skin-Gaststätten und lernt schließlich „Göring" kennen, der sein neuer Freund in der Naziszene wird und in dessen Wohnung er einzieht. Mit ihm gründet er die „Bewegung 30. Januar"; dort finden sich „aktive" Köpfe ein. Unter anderem hält man nationalsozialistische Schulungen ab. Die Gruppe wird nach etwa einem Jahr von der Polizei ausgehoben, und Hasselbach erhält zehn Monate auf Bewährung.

Ab 1989 hegt er Fluchtpläne und versucht über Budapest auszureisen, was ihm tatsächlich gelingt. Drei Tage später fällt die Mauer. Mit der Wende ergibt sich nun auch die Möglichkeit für eine aktive Vernetzung der ostdeutschen Rechten mit der westdeutschen bis hin zur legalen Parteiarbeit. 1990 finden Treffen mit einschlägigen westlichen Neonazis statt, u.a. Michael Kühnen, der auch „der Führer" genannt wird. Die östliche und westliche Szene verdichten sich in ihrem Organisationsgrad. Hasselbach, nun Parteivorsitzender der Nationalen Alternative, hat seinen Wohnsitz in Berlin in der Weitlingstraße, einem bekannten „Haus" der rechten Szene.

Journalisten geben sich die Türklinke in die Hand, Hasselbach gibt Interviews und wird dafür gut honoriert. Kühnen wird zu seinem Idol. Man will zeigen, dass „man da ist!" und plant Aktionen: Schändungen jüdischer Friedhöfe, Angriffe auf Asylbewerberheime, Überfälle auf Sintis und Romas. Die Polizei sieht zu. Auch bei Straßenschlachten mit Autonomen greift die Polizei nicht ein, und wenn, dann wird gegen die Linke vorgegangen. Durch die Gewaltaktionen und ihre Propaganda laufen, so Hasselbach, den Rechtsradikalen die Jugendlichen in Scharen zu.

1991 stirbt Kühnen an Aids. Seine Homosexualität spaltet das Lager. Hasselbach geht nach dem Tod seines Idols zu einer intensiven Kaderschulung nach Wien und wird dort für den Fall der „Machtübernahme" auf „ministerielle Aufgaben" vorbereitet.

Die programmatische Aggression verdichtet sich. Terroristische Pläne werden entwickelt, man organisiert internationale Sprengstoffschulungen, macht potenzielle Angriffsziele ausfindig, beispielsweise sozialistische und jüdische Denkmäler.

Die Szene wird für Hasselbach allmählich zweifelhaft. 1992 schwankt er zwischen Ausstieg aus der Szene und terroristischer Faszination, die fast einem romantischen Traum gleicht. Er sieht sich schon als terroristischer Weltverbesserer, andererseits: Die Identifikation mit dem Nationalsozialismus wird mit der Zeit für ihn immer schwieriger. Hinzu kommen Geldprobleme, Arbeitslosigkeit und die Aversion gegen einen Mitbewohner, der sexuelle Interessen bekundet. Hasselbach beginnt Materialien zu verbrennen, legt sich an: „*Ich hab einfach keine verdammte Lust mehr, diesen Scheiß hier noch länger mitzumachen.*" (139).

In dieser Phase kommt er in Kontakt mit dem deutsch-französischen Filmemacher Winfried Bonengel, der über die Rechte einen Film drehen möchte und sich daher an den szenebekannten Hasselbach wendet.

Winfried Bonengel zeigt sich unkonventionell und aufgeschlossen. Er interessiert sich für die Person Ingo Hasselbach, spottet auch schon mal während der Dreharbeiten über die „Kameraden" und die rechte Ideologie, weiß aber seine Anspielungen zu dosieren. Er führt lange private Gespräche mit Hasselbach, bringt ihn mit seinem Bekanntenkreis zusammen, die Hasselbach akzeptieren, was für diesen eine neue Erfahrung ist. Gleichzeitig sträubt sich der Neonazi gegen diese positiven Erfahrungen, geht wieder in die Szene, jedoch: „*Irgend etwas in meinem Leben hatte der Franzose verändert.*" (143).

Die Gespräche mit Winfried Bonengel werden für ihn immer wichtiger. Auch hegt der Journalist keine konkreten Erwartungen an ihn, fordert keinen Ausstieg. Schließlich zeigt er ihm den fertigen Film bevor dieser gesendet wird. Ein Film, der fast ohne Kommentierung auskommt und der über die Bilder alles Wesentliche auszusagen vermag. Der Film zeigt Hasselbach als eine durchaus sympathische Figur, die sich als brauner Rattenfänger entpuppt. Für Hasselbach ist der Film wie ein Spiegel, vor dem er zurückzuckt.

Im Oktober 1992 geschehen dann die Morde in Mölln. Für Hasselbach ist das Maß, wie er sagt, überschritten. Im Dezember 1992 wird der Film ausgestrahlt. Die Mutter reagiert entsetzt, Leute zeigen mit dem Finger auf ihn, in manchen Kneipen wird er nicht mehr bedient.

In dieser Situation taucht Winfried Bonengel wieder auf und lädt ihn zu Weihnachten nach Paris ein. Der Ausstiegsgedanke reift heran: „*Versuche schon früher auszusteigen, scheiterten immer wieder daran, außerhalb der Szene niemanden zu kennen, an den ich mich halten konnte und der zu mir stand. Auch diesmal hatte ich panische Angst, in ein tiefes schwarzes Loch zu fallen.*" (149)

Der Kontakt zu dem Journalisten zeigt sich tragfähig. Hasselbachs Ausstiegsgedanken nehmen Gestalt an. Er entscheidet sich schließlich für einen radikalen Ausstieg und bittet Bonengel um Unterstützung, damit er seinen Ausstieg öffentlich und unmissverständlich machen kann. Es entsteht das Konzept des Buches, bei dem ihm der Journalist hilft. Das Buch ist gleichzeitig ein Versuch, Kontakt mit seinem Vater aufzunehmen.

Im Januar 1993 hat Hasselbach noch eine Gerichtsverhandlung wegen Körperverletzung. Hier kommt wieder seine ganze Ambivalenz durch: Wenn er freigesprochen wird, so lautet sein Vorsatz, steigt er aus; wenn er verurteilt wird, geht er in den Untergrund. Hasselbach wird freigesprochen. Sein Buch erscheint noch im Jahr 1993.

Der Buchveröffentlichung folgen massive Bedrohungsszenarien durch die rechte Szene. Sogar seine 10jährige Stiefschwester wird bedroht und geschlagen. Hasselbach gelingt es, seinen Hass zu kontrollieren und er geht auf die Aggressionen nicht ein. *„Ich hoffe, eines Tages ein harmonisches Leben führen zu können, in dem es mir gelingt, mein persönliches Wertesystem zu verwirklichen."* (155)

Zum Schluss erfährt der Leser, dass Ingo H. mit einer Engländerin in England lebt, sozusagen als Ausländer in einer multikulturellen Gesellschaft.

Aus der Entwicklungsgeschichte von Ingo Hasselbach lassen sich vier typische Phasen der Entwicklung herauslesen, wie sie auch aus anderen Autobiografien zu erkennen sind.

1. Die Up-and-Down-Phase

Als 13jähriger kommt Ingo Hasselbach in die Hippieszene, wechselt dann im Laufe der Zeit die Szenen, die Gewaltdelikte werden immer intensiver. Diese, mehrere Jahre dauernde Phase, kennzeichnet sich als ein Auf und Ab zwischen einem tiefer in die Szenen Flüchten und dem Versuch, ein normales Leben zu führen, wie beispielsweise durch die Heirat. Bei Ingo H. gewinnt die Radikalität Oberhand, d.h. er windet sich mehr und mehr in die Gewaltszene hinein. Von Entwicklung kann keine Rede sein, jedoch von Veränderungen, die allen Beteiligten einen hohen Preis abverlangt. Ich bezeichne diese Phase als *Up-and-Down-Phase*.

2. Die Verdichtungs- und Wendephase

Ein *Wendepunkt* vollzieht sich für Hasselbach, als sein Idol Michael Kühnen stirbt. Das ist ein einschneidendes Ereignisse für Hasselbach. Danach folgen Zweifel, ob es für ihn noch Sinn macht, in der Szene zu bleiben. Der Wendepunkt geht mit Ambivalenzen einher. Hasselbach hat einerseits Ausstiegsgedanken, und andererseits überlegt er, noch tiefer in die Szene abzutauchen und Terrorist zu werden. Ausgerechnet in dieser Phase der Ambivalenz macht er die Bekanntschaft mit dem Journalisten Bonengel.

Hasselbachs ambivalenten Gefühle ermöglichen ihm sozusagen den Zugang zu einem außerhalb der Szene stehenden Menschen. Dann verdichten sich die Ereignisse noch weiter: der Film, der Hasselbach aufzurütteln vermag, die entsetzten Reaktionen seiner Umwelt und ebenso die Morde in Mölln. All das „füttert" den Ausstiegsgedanken, das Loslassen; gleichzeitig hält ihn die Szene. So einfach ist das Loslassen nicht. Der Journalist ist für Hasselbach eine Schlüsselfigur, die ihm in dieser Situation in Bezug auf eine neue Lebensperspektive Halt gibt. Hinzu kommt das für Hasselbach positive Gerichtsurteil, das er quasi als schicksalhafte Bestätigung für den neuen Weg sieht. Der Wille zum Ausstieg und die Form des Ausstiegs, das Schreiben eines Buches, rücken in den Vordergrund.

Ich nenne diese Phase *Verdichtungs- und Wendephase*. Währte die *Up-and-down-Phase* bei Ingo H. etwa zehn Jahre, so zeigt sich die *Verdichtungs- und Wendephase* zeitlich sehr komprimiert. Innerhalb von etwa zwei Jahren geschieht Entscheidendes, und im Zentrum steht eine Schlüsselperson.

3. Die Entwicklungsphase

Auf die Wende- und Verdichtungsphase folgt die eigentliche *Entwicklungsphase*. Sie kennzeichnet sich als Arbeitsphase im Sinne der Bewältigung des Alten und des Aufbaus des Neuen. Ingo H. schreibt in relativ kurzer Zeit sein Buch, das 1993 erscheint. Darin outet er sich und die Szene. Er inszeniert bewusst einen Ausstieg, bei dem er nicht mehr zurück kann. Die Reaktionen bleiben nicht aus. Es folgen zum Teil massive Bedrohungen aus der Szene, auch seine Stiefschwester wird bedroht. Hasselbach hält durch. Sein Resümee:

> „Der Ausstieg war ein langer, für mich schmerzlicher Prozeß mit vielem Hin und Her. Letztlich habe ich allein geschafft, was mir allerdings ohne Winfrieds Anstöße, ohne seine Hilfe und ohne seine Freundschaft kaum gelungen wäre. Sein Film, „Wir sind wieder da", unzählige Gespräche, neue Bekanntschaften, die ich durch ihn machte, aber vor allem sein Vertrauen geben mir die Möglichkeit, mich endlich frei zu machen von meiner Vergangenheit." (154, Grammatikfehler übernommen). Und weiter: „Wenn meine Mutter nicht trotz allem immer zu mir gehalten hätte, würde ich diesen Brief (Anm.: an den Vater) nicht geschrieben haben. Sie bewahrte mich am Ende davor, Terrorist zu werden und im Untergrund zu verschwinden." (156)

Ingo H. hat die Entwicklungsarbeit und die Bedrohungen, mit denen er zu tun bekam, auf sich genommen. Er vollzog Bewusstseinsprozesse, die einen neuen Anfang im Sinne der Entwicklung ermöglichten. Unterstützend waren für ihn zwei Schlüsselpersonen: Bongengel und seine Mutter. Ohne sie hätte er den Weg, wie er sagt, wohl nicht gehen können.

4. Die neue Entwicklungsstufe

Die *neue Entwicklungsstufe* kennzeichnet sich durch ein neues Arrangement zwischen Altem und Neuem. Das Bedürfnis nach Beziehung spielt bei Ingo Hasselbach eine wichtige Rolle, der Kontakt zum Vater, zur Mutter und die Beziehung zur Partnerin. Das Leben als Ausländer in einem fremden Land wird gewagt. Es ist anzunehmen, dass die neue Entwicklungsstufe noch viel Arbeit bereithält, um das Neue zu festigen, und sie wird auch neue Fragen und Probleme aufwerfen. Turbulenzen sind vorprogrammiert. Auch werden alte Probleme erneut aufscheinen, womöglich Probleme in der Partnerschaft, evtl. Probleme in den Rollenbildern.

An einer Stelle teilt Ingo Hasselbach mit, dass er Vater wird und bereits jetzt weiß, dass er nicht mit der Mutter zusammenleben wird. Wer diese Frau ist, bleibt im Unklaren. Das Neue ist also alles andere als konfliktfrei, jedoch befindet es sich auf einem anderen, komplexeren und menschlicherem Niveau. Das Bewusstsein, die Selbstwahrnehmung und auch die Verantwortung von Ingo H., so stellt es sich jedenfalls dar, sind differenzierter, ebenso seine Beziehungs- und Kontaktfähigkeit. Der Weg mit dem Buch ist ein zivilisierter Versuch der Kontaktaufnahme mit dem Vater, wenngleich der Vater gegen sein Wissen öffentlich gemacht wird.

Die meisten Biografien, die ich bearbeitet habe, enden mit der Beschreibung der *Entwicklungsphase*. Hier stellt sich für viele das Gefühl ein, es im Großen und Ganzen geschafft und den schweren Weg hinter sich gelassen zu haben.

Die Geschichte von Jakob und der Lebensweg von Moira bestätigen ebenfalls das Vier-Phasen-Modell. Jakobs *Up-and-Down-Phase* beim Schwiegervater währt 20 Jahre. Während ihm die ungeliebte Lea bereits sechs Söhne geboren hatte, wartet seine geliebte Rahel verzweifelt darauf, schwanger zu werden. Und endlich klappt es, sie bekommt einen Sohn. Das war der *Wendepunkt* und Anlass für Jakob, sich von Laban zu trennen. Bestärkt wurde er durch einen Traum von einem Engel, der ihm aufgibt, fortzuziehen: *„Jetzt auf, zieh fort aus diesem Land, und kehr in deine Heimat zurück!"* Rahel und Leha unterstützen Jakob in dem, was der Engel ihm vorgibt, und Jakob nimmt seinen materiellen Anteil und zieht mit seiner Familie fort. Die Ereignisse verdichten sich. Laban jagt ihm sieben Tage nach, und als er Jakob nah auf den Fersen ist, schickt Gott Laban einen Traum und droht ihm: *„Hüte dich, Jakob auch nur das Geringste vorzuwerfen."* Als Laban und Jakob zusammentreffen, gibt es kritische und hitzige Momente, jedoch die beiden Männer werden sich einig, so kehrt Laban in Frieden wieder zurück und Jakob zieht weiter.

Es folgt die Phase der *Entwicklungsarbeit*. Jakob muss seine Furcht vor dem Bruder bewältigen und mit dem Engel kämpfen, muss in seinem Vorwärtsstreben Stand halten; das fordert Durchhalten, Kraft und Blessuren. Dann geht er langsamen Schrittes weiter in Richtung Heimat. Die neue Entwicklungsstufe beginnt damit, dass er einen Platz für seine Familie findet und dort ein Haus baut.

Moiras Biografie (Müller 2003) beginnt mit der Pilzvergiftung, das war 1993 und sie ist damals zehn Jahre alt gewesen. Etwa fünf Jahre währt die *Up-and-Down-Phase* in Bezug auf ihre Magersucht. Die Phase kennzeichnet sich durch permanente Gewichtsabnahme, dazwischen Versuche wieder zuzunehmen, was nur von kurzem Erfolg ist; ebenso erfolglos sind die Versuche der Eltern, ihre Tochter für professionelle Hilfe zu öffnen.

Der *Wendepunkt* ist der Kontrollverlust über den Körper, den Moira als eine existenzielle Bedrohung erfährt. Die Eltern unterstützen Moira bei ihrer Hilfesuche, und gleichzeitig spürt Moira ihre innere Ambivalenz, wenn sie ihre vermeintlich „dicken" Schenkel sieht. Sie stimmt therapeutischer Hilfe zu und vollzieht einen Systemwechsel zu ihrem Therapeuten.

Die *Entwicklungsphase* bedeutet harte Arbeit für sie: Disziplin auf allen Ebenen, Bewusstseinsarbeit, Rücksichtnahme auf andere und freilich immer wieder Rückfälle und heftige Emotionen, die sie aber bewältigt. Sie konfrontiert sich damit, dass ihr die Anorexie die Möglichkeit geboten hat, sich besser, schöner und herausragender gegenüber allen Anderen zu fühlen. Sie gesteht sich ein, dass sie durch die Anorexie sehr viel Aufmerksamkeit von außen erhalten hat. All das muss jetzt durch etwas Neues ersetzt werden. Erschwert wird diese Phase noch durch besondere Belastungen. Ihr Haar fällt büschelweise aus und sie bekommt Schuppenflechte. Trotz allem blickt sie nach vorne und arbeitet an ihrer Zukunft, die für sie in dieser Phase alles andere als klar ist:

> „... die Zukunft ängstigt mich. Was soll ich aus meinem Leben machen? Was fesselt und berührt mich nun wirklich? Ich will etwas tun, für das ich mich erwärmen kann ... ich muss erst einmal wieder normal werden, mein Leben in Amsterdam gestalten, nicht in Träume flüchten, sondern weiterhin die Realität sehen und das Beste daraus machen." (198f.)

Moira weiß auch: *„Die schwierigste Aufgabe kommt jetzt, und die ist: das Gewicht halten, nicht abnehmen, ein Gleichgewicht zu finden und versuchen, alles maßvoll zu tun."* (205). Das ist ihr Tagebucheintrag im Jahr 1998. Ihr Buch wird im Jahr 2000 veröffentlicht. Moira hat ihre neue Entwicklungsstufe erreicht. In ihrem Nachwort schreibt sie:

> „... für mein Gefühl liegt das alles schon wieder weit hinter mir, und es klingt merkwürdig, aber ich habe ab und zu Heimweh nach diesem Kampf, mich selbst zu überwinden ...
> Ich habe viel gelernt, aber es gibt nur weniges, was ich immer anwenden kann. Daran verzweifle ich manchmal. Aber dennoch, wenn ich mein Tagebuch durchlese, sehe ich, dass ich gewachsen bin. Die Welt dreht sich nicht mehr nur um mich, ich interessiere mich jetzt für andere Menschen. Früher war das nicht der Fall; da fand ich ein Gespräch uninteressant,

wenn es nicht um mich ging ... Noch immer bin ich egozentrisch und immer sehr präsent, aber ich versuche jetzt auf eine andere Art <sehr präsent> zu sein...
Ich bin dankbar für kleine, ganz normale Dinge im Leben. Ich versuche, nicht alles zu idealisieren, und werde nicht mehr depressiv, wenn etwas nicht sofort so geht, wie ich es mir vorgestellt hatte. Obwohl ich noch leicht von einem Extrem ins andere falle, muss ich sagen, dass meine Depressionen immer seltener geworden sind...
Obwohl ich nicht mehr krank bin, wird die Anorexie mein Feind bleiben, oder meine beste Freundin, denn sie hat mir Respekt vor dem Leben beigebracht. Ich werde sie wohl immer mit mir herumtragen, aber ich bin jetzt in der Lage, sie zu erkennen. Manchmal fühle ich mich wieder sehr dick oder scheußlich mager, aber dann begreife ich, dass ich noch genauso aussehe wie gestern, und gestern war ich glücklich." (211f)

In die *neue Stufe* werden die alten Elemente mit hineingenommen. Die Schönheitsfrage und etwas Besonderes sein zu wollen sind nach wie vor aktuell. Jedoch hat all dies Umdeutungen erfahren. Zudem gibt es neue Aspekte in Moiras Leben, nämlich Bewusstheit und Lebenssinn sowie andere Formen der Lebensgestaltung. Trotzdem werden Konflikte als zum Leben gehörig wohl nicht ausbleiben.

5. Die Up-and-Down-Phase

Die erste Phase von Entwicklungen, die *Up-and-Down-Phase,* kann Jahre dauern. In dieser Phase geht es um eine Art Lebenspaddeln, manchmal auf ruhigerem und durchaus erträglichem Gewässer, manchmal auf stürmischer See, wo das Boot zu kentern droht. Die Phase kann eine harmlose Phase sein, die bei lernbereiten und reflexiven Menschen zwar auch mit einigen Turbulenzen aufwartet, die jedoch zu bewältigen sind und die den Weg einer Entwicklung wenig schwierig erscheinen lassen. Sie kann sich aber auch als äußerst strapaziös oder gar lebensbedrohlich zeigen. Die Niveaus in Bezug auf Turbulenz, Bedrohlichkeit, Lebensqualität zeigen sich also sehr unterschiedlich.

Piet C. Kuiper (2002), der seinen Weg in und aus der psychotischen Depression beschreibt, schafft es beispielsweise über lange Zeit, seine Ängste und Schuldgefühle abzuspalten. Er lebt das Leben eines renommierten Wissenschaftlers mit allen Privilegien, bis sich seine Krankheit einzuschleichen beginnt.

Johannes Roth (2000) hingegen durchlebt durch die Krankheit seiner Frau regelrechte emotionale und körperliche Achterbahnfahrten.

> Die biografischen Aufzeichnungen von Johannes Roth (2000) beginnen im Januar 1995, zu dem Zeitpunkt, als Hanna, seine Frau, die Verdachtsdiagnose „Gehirntumor" gestellt bekommt. Die *Up-and-Down-Phase* kennzeichnet sich für beide durch regelrechte Achterbahnfahrten in Bezug auf Hoffnung einerseits und Frustration, Entsetzten, Angst und Panik andererseits. Es gibt mehrere Operationen, der Tumor zeigt sich äußerst aggressiv, dazwischen gibt es wieder Phasen der Besserung, doch insgesamt erfährt Anna durch die Operationen und die Chemotherapien erhebliche körperliche Beeinträchtigungen. Doch sie ist eine Kämpferin. Krankenhausphasen und Aufenthalte zu Hause wechseln sich ab.
>
> Johannes' gesundheitlicher Zustand wird ebenfalls labil. Er hat Schlafstörungen, Atembeschwerden, Bluthochdruck und nimmt Beta-Blocker. Wenn es Anna besser geht, geht es ihm gesundheitlich schlecht. Er verdrängt die Frage, was ist, wenn Anna sterben würde. Stattdessen beschäftigt er sich mit dem Aneignen von Krankheitswissen, mit Arztbesuchen und dem Schreiben eines Tagebuches. Er verdrängt seine Angst, es ohne Anna schaffen zu müssen.

In der *Up-and-Down-Phase* lassen sich die Vorzeichen und die Richtung der anstehenden Entwicklungsstufe möglicherweise bereits andeutungsweise erkennen. Anhand des biografischen Verlaufs und von Bedürfniskategorien lassen sich Hypothesen bilden, welche Bedürfnisse befriedigt werden wollen. Das biografische Werden einer Person und deren soziales Eingebundensein verweisen auf mögliche Formen der Bewältigung.

Bei Ingo Hasselbach käme man vielleicht nicht gerade auf eine mögliche Buchveröffentlichung. Jedoch erstaunt es nicht, dass er mit dieser Form eine provokative Lösung wählt, die er jahrelang in anderer Form praktiziert hat, und sich damit für Eindeutigkeit ausspricht, unter die er vor allem auch sein eigenes Selbst stellt. Das zeigt sehr wohl eine biografische Passung.

Bei Johannes Roth hat das Schreiben von Anfang an eine wichtige Funktion. Es hat Stützfunktion in der Bewältigung einer äußerst schwierigen Lebensphase und erschließt ihm möglicherweise ein neues Tätigkeitsfeld als Schriftsteller.

Zu Moira passt, dass sie ein Hilfeset annimmt, das exklusiv auf sie abgestimmt ist, das ihrer Egozentrik entgegenkommt, indem sie der Mittelpunkt des Hilfesystems ist und dass sie Lebensweisen lernt, die ihrem Kontrollbedürfnis entsprechen.

Erik H. Erikson (1973, 59) betont, dass jedes Problem schon vorhanden ist, bevor es einen kritischen Zustand erreicht; genauso lässt sich folgern, dass es zu jedem Problem bereits eine Lösung gibt, noch bevor diese deutlich aufscheint. In der *Up-and-Down-Phase* können ggf. schon die Lösungsansätze wahrgenommen werden, die dann in der *Verdichtungs- und Wendephase* deutlich zum Tragen kommen. Bei Ingo Hasselbach war es beispielsweise der Versuch, über Heirat und damit Beziehung sein Leben in den Griff zu bekommen. Bedürfnisse und die in der *Up-and-Down-Phase* bereits gezeigten Bewältigungsversuche lassen somit Hypothesen und Deutungen zu, in welche Richtung der Prozess laufen könnte und welche grundlegenden Bedürfnisse im Mittelpunkt stehen.

Die *Up-and-Down-Phase* kennzeichnet sich als Vorhof der Entwicklung und es stellt sich die Frage, wie lange es einer Person gelingt, im ständigen Hin und Her ihr Leben zu meistern. Erst wenn deutlich wird, dass es nicht mehr gelingt, mit den aktuellen Bewältigungsmustern sein Leben und die Anforderungen der Umwelt zu meistern, wird ein Phasenwechsel realistisch. Dann treten Verunsicherungen und Krisen auf, die einen Veränderungsbedarf signalisieren.

Wie eine Person auf Verunsicherungen und Krisen reagiert und wie sie die eigene Problemsituation wahrnimmt, hängt von inneren Dispositionen, insbesondere vom Selbstkonzept, von der Ich-Stabilität, den Bedürfnissen und Mustern ab sowie von den Kontextbedingungen. Die Umwelt kann Entwicklungsprozesse unterstützen oder auch deutlich hemmen oder gar verhindern. Moiras Schlankheitssucht wird durch die medial inszenierten gesellschaftlichen Schönheitsvorstellungen genährt. Der Kampf erfolgt somit an zwei Fronen: nach innen wie nach außen.

Bei Ingo Hasselbach gibt die deutsche Vereinigung der rechten Szene Auftrieb. Plötzlich werden Vernetzungen und Fusionen und sogar eine legale Parteiarbeit möglich. Hasselbach wird von dieser Welle mitgetragen, die aus seiner Perspektive zunächst einmal neue Möglichkeiten schafft, was ihn anspornt und doch zugleich die Abwärtsspirale verstärkt.

Handeln bei schwachem Bewusstsein

Das Bewusstsein ist in der *Up-and-Down-Phase* nicht besonders ausgeprägt. Die Lebensbewältigung erfolgt routiniert, mit Wiederholungen und auch Verstärkungen bekannter Muster. Es kommt, wie es kommt, und es werden keine großen Überlegungen angestellt, was gut oder schlecht ist, vielmehr werden Situationen emotional bewältigt und es wird situativ mit den vorhandenen Möglichkeiten darauf reagiert. Auf den Punkt gebracht bedeutet dies: Die Phase lebt vom wenig bewussten Tun.

Alkoholabhängige und co-abhängige Menschen leiden in dieser Phase beispielsweise unter dem Verlust ihres Selbstwertgefühls, was sie durch Alkoholkonsum zu kompensieren versuchen. Dies geht einher mit Verdrängungs- und Verleugnungsmechanismen. All das führt zu einem zunehmenden Realitätsverlust, zu einem Zurückgeworfensein auf sich selbst und der Beeinträchtigung individueller Potenziale und äußerer Hilfemöglichkeiten (vgl. Kruse u.a. 2000).

Der Philosoph Bergson (1921) ist der Auffassung, dass wir grundsätzlich nicht erst denken, um darauf aufbauend zu handeln, sondern dass wir immer schon handeln, bevor wir Denken. Auf Handeln baut sich Denken auf. Also nicht „cogito ergo sum", ich denke also bin ich, sondern „ich handle, also bin ich"! Bergson macht deutlich, dass der Prozess des Erkennens voranschreitet, wenn wir mit unseren gewohnten Handlungen nicht mehr weiterkommen, wenn sie plötzlich oder allmählich nicht mehr taugen, um Situationen zu bewältigen. Erkennen ist also von den Handlungsanforderungen abhängig; wir können uns das Erkennen sparen, wenn wir mit unserem Handlungsrepertoire einigermaßen zurecht kommen.

Die *Up-and-Down-Phase* ist eine Phase, in der Personen mit ihrem Handlungsrepertoire mehr oder weniger zurechtkommen oder meinen damit zurecht zu kommen. Die Betroffenen orientieren sich durchaus in verschiedene Richtungen, erleben dabei positive und negative Gefühle und tendieren in die Richtung, die mehr Lust als Frust verspricht, die den (vermeintlich) angenehmeren Weg verspricht. Honig statt Bitterschokolade!

> Andrea Rohloff (2003) gerät in ein türkisches Gefängnis, weil sie als Touristin Heroin geschmuggelt hat. Ihr Wunsch: *„... ich wollte endlich mal was ganz alleine bestimmen. Frei sein, erwachsen, eigenes Geld verdienen ... Ich hätte bewiesen, dass ich auf eigenen Füßen stehen kann, dass es kein Fehler war, die Ausbildung abzubrechen, dass es doch geht, arbeiten und Spaß dabei zu haben, reisen und dafür auch noch viel Geld kriegen."* (10)
>
> Andrea ist zur Zeit ihrer Inhaftierung 18 Jahre alt, sie hat noch viele kindliche Züge, liebt ihre Kuscheltiere, ist verträumt und gutgläubig, vor allem was ihre durchtriebene Freundin Jenny betrifft. Jenny nützt Andreas Sympathie zu ihr aus und setzt sie als Drogenkurierin ein. Andrea hat Eltern, die sich, wie sie schreibt, liebevoll um sie kümmern, doch Andrea ist in der

Abnabelungsphase, will erwachsen werden und trifft auf die coole Jenny, der sie erliegt. Jenny scheint für Andrea die Tür zu Welt zu sein, denn sie hat Geld, ist selbstbewusst und jettet nach Amsterdam, in die Türkei und nach Italien. Warum sich also in einer langweiligen Gärtnerei abmühen und sich mit nervigen Schulsachen herumschlagen, wenn alles doch viel einfacher gehen kann?!

Freilich ringen Verstand und Gefühl miteinander. Der Verstand, das Gewissen meldet, dass das, was sie, Andrea, tut, wohl doch nicht ganz in Ordnung ist, aber der Honig lockt.

Als Andrea mit Jenny in den Urlaub reist, schreibt sie:
"Wir waren stark, wir waren nicht allein, wir waren frei. In mir tobte ein Zweikampf: schlechtes Gewissen gegen das gute Gefühl, den Hänseleien und dem Schulstress entkommen zu sein. Aufstehen machte wieder Spaß, so viel Spaß, dass sich das schlechte Gewissen in die hinterste Ecke meiner Seele verkroch. Ich hatte meine Eltern ja nicht angelogen, ich hatte nur einfach nichts gesagt." (70)

Der so genannte „Honig" entpuppte sich als Fliegenband, an dem sie kleben blieb. Erst wenn sich der vermeintliche Honig bzw. das geringere Übel als Sackgasse erweist, öffnet sich der Weg für das Erkennen.

Die *Up-and-Down-Phase* ist eine Phase mit auffallend vielen Bewusstseinslücken. Sie zeigt sich eher gefühlsgesteuert und reaktiv. Verstand und Gewissen sind präsent, setzen sich aber nicht wirklich durch. So lange, bis eine Schmerzgrenze erreicht ist und gefühlt und gespürt wird, dass man sich in einer unhaltbaren Situation befindet. Dann ist Erkennen angesagt, weil die alten Handlungsmuster nicht mehr taugen. Dazu braucht es in der Regel Störungen, manchmal sogar eine tiefe Krise, die wachrüttelt. Erkennen bzw. das Bewusstwerden ist häufig ein langsamer Prozess. Bewusstheit setzt nicht plötzlich ein, sondern ganz allmählich.

Krise bedeutet ein schleichendes oder akutes Gefühl der Ausweglosigkeit oder Überbelastung. Und genau hier setzt die Chance von Erkennen ein, damit blinde und getrübte Bewusstseinsflecken ausgeleuchtet werden können.

Die Krisenforschung gibt uns Typologien von Krisen (vgl. Aguilera 2000):

- biologische Reifungsprozesse, z.B. Pubertät, Alter
- intrapsychische Probleme, z.B. Schuldgefühle, Depression, Psychose, Burnout, Posttraumatische Belastungsstörungen und akute psychische Traumen durch Unfruchtbarkeit, Kinderlosigkeit, Fehl- und Totgeburt
- interpersonelle Probleme, z.B. Partnerschaftskonflikte
- spezifische Stressoren, z.B. Schuleintritt, neuer Arbeitsplatz, Status- und Rollenveränderungen, Familiengründung, Menopause, Rentenalter, Überschuldung, Suchtmittelabhängigkeit u.a.

- äußere Bedrohungen durch Tod, Gewalt, Umweltkatastrophe, Krieg.[1]

Aufgrund der Krise muss ein neuer Weg gefunden werden, und so wird sozusagen aus der Not heraus Erkennen geboren. Dort, wo alles funktioniert, wo unsere Lust gestillt wird und wir immer neue Quellen der Lust entdecken, bleiben wir erkenntnismäßig eher träge; wir können dann zwar satt in uns und in unseren Lebensbezügen verharren, unser Denken brauchen wir dabei aber nicht besonders anzustrengen (vgl. Bollnow 1970, 43). Ein Don Juan beispielsweise fliegt bildlich gesprochen von Blume zu Blume, um seine Lust neu zu entfachen und er muss nicht wirklich darüber nachdenken, was mit ihm eigentlich los ist. Der Drogensüchtige konzentriert sich darauf, seinen Stoff zu bekommen, und so lange das irgendwie gelingt, scheint das Leben zu funktionieren; die Bewusstheit ist auf niedrigem Level.

Krisen unterbrechen das Dahintreiben in der *Up-and-Down-Phase*. Die Frage ist also, wann nimmt eine Person wahr, dass sie mit ihren Handlungen und Strategien nicht mehr weiterkommt? Was muss passieren, um die eigene Situation wahrnehmen zu können, anders gesagt: Wie viel Störpotenzial ist notwendig, um die Not zu wenden?

Systemisch betrachtet symbolisiert die *Up-and-Down-Phase* das autopoietisch geschlossene Bewusstseinssystem. Man denkt, fühlt und handelt in routinierter Weise, verarbeitet die Lebensbezüge nach den eigenen Vorgaben und verstrickt und verwickelt sich in sie. In der Phase geschehen Veränderungen, jedoch nicht wirklich Entwicklungen.

Wahrnehmen heißt, das Bewusstsein für Neues zu öffnen, für neue Sichtweisen, Erkenntnisse und Handlungswege. Dies schließt mit ein, die eigenen Lebensbezüge durchaus in Frage zu stellen. In der *Up-and-Down-Phase* ist das aber keineswegs selbstverständlich. Professionelle HelferInnen und insbesondere Eltern kennen die Reaktionen auf „vernünftige" Argumente, wenn man versucht etwas einsichtig zu machen. Häufig hat man das Gefühl, ins Leere zu laufen. Doch das stimmt nicht ganz, denn man „füttert" die Bewusstheit, das Gewissen und die Vernünftigkeit. Sigmund Freud würde sagen: das Über-Ich. Und genau das ist wichtig, um die Ambivalenzen zu stärken, und zwar dadurch, dass eine Alternative heranwächst und stärker wird.

Verstärken sich die Ambivalenzen, vergrößert sich die Chance für einen Phasenwechsel. Eine Störung oder Krise beinhaltet somit das Potenzial, an sein kriti-

---

[1] Katastrophen unter Krisen zu subsumieren ist nicht unproblematisch. Katastrophen können zwar persönliche Krisen zur Folge haben, die Reichweite von Katastrophen hat aber eine Dimension, durch die der Begriff Krise fast zynisch klingt. Umweltkatastrophen und Kriege löschen Menschen und Landstriche aus. Der Holocaust war eine menschliche Katastrophe! Der Begriff der Krise kann hier nichts mehr aussagen, schon gar nicht kann ein Ansatz wie „Krise als Chance" hiermit in Verbindung gebracht werden.

sches Bewusstsein herangeführt zu werden. Eine Krise ruft nach kritischer Betrachtung des bisherigen Lebens (vgl. Bollnow 1970, 98).

So betrachtet kann von der immer wieder zitierten „Krise als Chance"[2] gesprochen werden. Die Krise beinhaltet ein Potenzial zur Neuorientierung im Fühlen, Denken und Handeln, das ist ihre Sonnenseite. Die Schattenseite kann aber sein, dass ein Mensch an ihr zerbricht, vor allem wenn er nicht über die inneren und äußeren Ressourcen verfügt, um sie zu meistern.

Im Allgemeinen reifen wir durch Störungen und Krisen und nicht durch harmonische Gleichgewichtszustände. In diesen verharren wir und schöpfen Kraft, jedoch sind harmonische Gleichgewichtszustände vorübergehend. Störungen und Krisen holen den Menschen nicht nur ein, sondern holen ihn auch aus seiner „Selbstverfangenheit" heraus (Bollnow 1970, 99). Sie sind Triebkräfte für das Erkennen und Bewusstwerden.

Bedrohung durch extreme Reduktion

Die *Up-and-Down-Phase* kann, wie bereits vermerkt, moderat verlaufen. Menschen können sich in Nischen einrichten, die zwar alles andere als optimal sind, in denen es sich aber aushalten lässt. Die *Up-and-down-Phase* kann aber auch extreme Verläufe nach sich ziehen. Es gibt Sucht- und Gewaltspiralen, Abwärtsspiralen im Burn out und bei Krankheitsverläufen. Meist bleibt offen, wo der Fahrstuhl zum Stehen kommt. Eine Person ist dann nicht nur nicht in der Lage, ihr Leben zumindest ansatzweise zu bewältigen, sondern vollzieht einen Prozess der Selbst- und Fremdzerstörung. Der Mensch wird zum Gefangenen seiner selbst, das Bewusstseinssystem schließt sich mehr und mehr. Extreme Beispiele dafür sind Formen der Psychose, wenn die Wahrnehmung eingeschränkt und regelrecht verrückt wird.

Piet C. Kuiper (2002), Psychiater, der selbst eine psychotische Depression mit Wahnvorstellungen erleidet, beschreibt seine psychische Einengung folgendermaßen:

> „Als ich durch Krankheit, Fieber und Kopfschmerzen geschwächt war, erhob sich meine Mutter in meinem Innern und erschlug mit ihrer Axt mein Seelenleben. Ihre Gebote und Normen, ihre Auffassungen von Sexualität waren es, die mich wieder beherrschten, und in meinen Wahnvorstellungen kam ich in die Hölle, an die sie auf so quälende Weise geglaubt hatte." (48)

---

[2] Vgl. dazu auch Dahlke (1999, 19), der darstellt, dass Krise, gr. crisis, auch Entscheidung, Scheidung, Zwiespalt, Trennung, Urteil, Wahl, Erprobung bedeutet. Darüber hinaus sei das chinesische Schriftzeichen für Krise identisch mit dem für Gefahr und Chance.

Abwärtsspiralen sind Wege in das innere Gefängnis, ein Ausgeliefertsein an nicht mehr kontrollierbare Bedürfnisse und Ersatzbefriedigungen. Man verliert sich an Suchtmittel, an Personen, auf die man sich blind fixiert oder beispielsweise an den Helferwahn oder eine Ideologie, um sich und anderen unter allen Umständen Gerechtigkeit zu verschaffen.

Die Angst vor dem nahenden Verlust des Partners kann zur Selbstverfangenheit führen, die alle Gedanken nur noch um das Eine kreisen lässt. Extreme Selbstverfangenheit bedeutete eine extreme Reduktion seiner selbst, bedeutet ein Gefangensein in seinem Selbst und dem Umfeld, dem man sich verschrieben hat. Der Süchtige kümmert sich nur noch um seinen Suchtmittelerwerb, ist nicht mehr Herr seiner selbst, ist nicht mehr in der Lage, auf Herausforderungen differenziert zu reagieren und seine bedrohliche Lage zu überblicken. Er belügt sich und seine Umwelt. Es kommt zu einer Reduktion von Selbstwert, von Handlungsmöglichkeiten, von Gefühlsdifferenziertheit und Erkenntnismöglichkeit. Dieser Zustand liegt genau auf der anderen Seite von Entwicklung, er ist ihr Gegenpol.

Blinde Bewusstseinsfelder, verzerrte Wahrnehmung, Angst, Erschöpfung, Engstirnigkeit, Borniertheit bis hin zu Verrücktheit, all das liegt an diesem Pol. Die Kontrolle über den eigenen Körper, die Gefühle und das Handeln geht zunehmend verloren. Das Leben gleicht einem Drama, das immer und immer wieder aus dem Stehgreif heraus aufgeführt wird, bis der Vorhang zerreißt. Auch Krankheit kann in ein solches Drama führen, wenn Menschen überrollt werden von Diagnosen, „positiven" Befunden, Schmerz, Hoffnung, Enttäuschung, Angst, Krankenhaus, Pflege. Das Leben bewegt sich in eine Engführung hinein. Und umgekehrt: Wie häufig werden beispielsweise Kranke durch Ihre Angehörigen und Freunde in die Reduktion gebracht, weil mit dem Patienten nur noch über ihre Krankheit kommuniziert wird, ohne zu überlegen, wie belastend es sein kann, aus der Vielfalt des Lebens ausgegrenzt zu werden. Aus ähnlichen Gründen wollen viele Menschen nicht ins Altersheim. Sie haben Angst vor der Reduzierung.

Abwärtsspiralen sind Prozesse, in denen Menschen am meisten Hilfe brauchen, und häufig sind sie gerade dann nicht in der Lage, Hilfe anzunehmen. Das ist die eigentliche Tragödie.

Wahrnehmungsverengungen und Selbstverfangenheit vollziehen sich aber nicht lediglich im Zuge von Abwärtsspiralen, sondern sind immer wieder Teil menschlicher Lebensprozesse. Irvin D. Yalom, ein bekannter amerikanischer Psychotherapeut, beschreibt dazu seine Erfahrungen. Auf einer Konferenz hatte er eine Frau kennen gelernt,

> „die mir danach nicht mehr aus dem Sinn ging und all meine Gedanken und Träume beherrschte. Sie nistete sich in meinem Gehirn ein und ließ sich trotz aller Anstrengungen nicht vertreiben. Eine Zeitlang ging es ganz gut. Ich fand Gefallen an meinen Zwangsvorstellungen und genoß sie

immer wieder aufs neue. Einige Wochen später verbrachte ich mit meiner Familie einen Urlaub auf einer wunderbaren karibischen Insel. Erst nach mehreren Tagen erkannte ich, was mir auf der Reise alles entgangen war: die Schönheit des Strandes, die üppige tropische Vegetation, sogar das Tauchen und die aufregende Begegnung mit der Welt des Meeres. Der ganze Reichtum um mich herum verblasste auf dem Hintergrund meiner Obsession." (Yalom 1990, 44f.)

Chaos und Inseln der Ordnung

Dort, wo sich Selbstverfangenheit im Zuge von Abwärtsspiralen vollzieht, ist es populär, diese mit Chaos zu umschreiben; Chaostheorien werden gerne dazu verwandt, um Erklärungen zu liefern. Interdisziplinär werden die Chaostheorien[3] referiert und adaptiert. Trotzdem bestehen theoretische Unstimmigkeiten, die es erschweren, die basalen theoretischen Erkenntnisse herauszufiltern (vgl. Wehr 2002). In der Biologie bezeichnet Chaos den Zustand, *„wenn die Organisation des Körpers zusammenbricht und durch anomale Dynamik ersetzt wird"*, beispielsweise durch eine Herzattacke (vgl. Coveney/Highfield 1994, 291). Im psychosozialen Bereich lässt sich ein solcher Zugang analog verwenden. Von Chaos lässt sich dann sprechen, wenn die Lebensbewältigungskompetenz zusammengebrochen ist und an ihre Stelle problematische, selbst- und fremdgefährdende Dynamiken treten.

Der Mathematiker James Yorke prägte Mitte der 70er Jahre den Begriff des deterministischen Chaos. Damit soll ausgesagt werden, dass Chaos aus einer Ordnung heraus erfolgt und sich zu unvorhersagbaren Veränderungen entwickelt. Die Verläufe sind zwar kontingent (unbestimmt), jedoch nicht beliebig, weil sie mit den Anfangswerten eines Systems zu tun haben. Hier gibt es Analogien zur Thermodynamik. Weiter oben wurden dargelegt, dass Verzweigungen, so genannte Bifurkationen, mit Anfangszuständen zu tun haben.

Trotz Chaos und chaotischen Verläufen gibt es immer wieder Inseln der Ordnung, die nichts anderes sind, als zwischenzeitliche Stabilisierungen. Entweder gelingt es, über einen längeren Zeitraum ein bestimmtes Niveau zu halten, oder aber der Verlauf driftet in eine prekäre Richtung, dessen Endpunkt nicht zu lokalisieren ist. Übertragen auf den psychosozialen Bereich heißt das: Es gibt Zeiträume und Nischen der Stabilisierung trotz Chaos, und es gibt die Gefahr des vollkommenen Außer-Kontrolle-Geratens.

Die Lebensgeschichte von Andrea, die wegen Heroinschmuggels am türkischen Zoll gefasst wird, erzählt von einem chaotischen Verlauf mit In-

---

[3] Vgl. u.a. Briggs/Peat 2001; Coveney/Highfield 1994; Gleick 1990; Loistl/Betz 1996; Pleitgen/Jürgens/Saupe 1994.

seln der Ordnung, die jedoch die Abwärtsspirale nicht verhindern können: Andrea wird mit 14 Jahren beim Klauen erwischt. Die Eltern reagieren gelassen und treffen eine Verabredung mit ihr, die sie bis auf einen Ausreißer einhält. Als sie dann auf die Gesamtschule kommt, wird sie von ihren Mitschülerinnen gehänselt, weil sie sich diesen vom Stil und Outfit her nicht anpasst. Zusammen mit ihrer Freundin Jenny fängt sie schließlich an, im großen Stil die Schule zu schwänzen. Ihre Leistungen sacken drastisch ab. Die Eltern steuern den Umgang mit Jenny, und daraufhin schläft der Kontakt der beiden Freundinnen mehr und mehr ein. Zwei Jahre läuft es mit Andrea einigermaßen zufriedenstellend, bis sich Jenny und Andrea wieder zufällig begegnen. Die Freundschaft beginnt von neuem. Das geschieht just zu einem Zeitpunkt, als Andrea schulisch wieder ziemlich absackt und demotiviert ist. Ihr Praktikum in einem Blumenversand findet sie total öde. Sie ist siebzehn. Jenny lebt ihr die große Welt vor und wird Andreas Idol. Ihren Eltern verschweigt Andrea ihre Reise in die Türkei. Das Ende der Reise ist die Gepäckkontrolle beim türkischen Zoll und das Auffinden des Heroins.

Abwärtsentwicklungen werden von Inseln der Ordnung durchkreuzt. Selbst wenn sich Menschen in einer Nische einrichten, beispielsweise Obdachlose, die auf der Straße leben und die ihr Dasein nach einer bestimmen Routine fristen, bleibt der Fahrstuhleffekt nicht aus. Das gesundheitliche Befinden wird zunehmend beeinträchtigt, die Risiken steigen.

Die Prozesse in der *Up-and-Down-Phase* können sich im Einzelfall als sehr extrem zeigen, und es ist geradezu erschütternd, welche Belastungen trotz Inseln der Ordnung Menschen aushalten, bis sie an ihren Wendepunkt kommen.

> Für Christiane F.[4] bricht eine Welt zusammen, als sie mit ihren Eltern vom Lande in die Trabantenstadt mit Wohnsilos zieht. Der Vater gebärdet sich als Verlierer, der seine Wut an Frau und Kindern auslässt, der trinkt und seine Familie vor seinen Kumpels verschweigt. Schlagen oder geschlagen werden ist die Lebensregel, mit der Christiane aufwächst. Mit zehn fängt sie an zu klauen. Die Scheidung der Eltern verschärft die Situation, es gibt mittlerweile einen Geliebten der Mutter. Alle, auch der leibliche Vater, wohnen zusammen, was sehr viel Konfliktpotenzial enthält. Hinzu kommt, dass die tierliebe Christiane ihren einzigen Freund, ihren Hund Ajax, verliert. Vor dem Stress zu Hause flüchtet sie und fängt an, herumzustreunen und die Schule zu schwänzen.
>
> Die Straßenjungs zeigen sich brutal und schüchtern sie ein, sie dagegen schüchtert die Lehrer ein, indem sie sich provokativ verhält. Sie sucht Anerkennung unter den Mitschülern und will imponieren. Mit 12 schließt sie sich einer Hasch-Klicke an und ist erstaunt, dass sich die Jungs dort zivilisierter zeigen als die Straßenjungs, die auf Alkohol setzten. Es geht fried-

---

[4] (Hermann/Rieck 1988)

lich zu, sie rauchen Hasch und hören Musik. *„Da vergaßen wir die ganze Scheiße, durch die wir den übrigen Tag draußen gehen mussten."* (49)
Die Situation zu Hause verschlimmert sich, als der Freund der Mutter Christianes neue Dogge, die ihr der leibliche Vater geschenkt hat, einfach weggibt, weil sie ihn in der Wohnung stört. Die Flucht in die Klicke und in den Drogenkonsum wird intensiver. Es dauert nicht lange, dann kommt Christiane mit LSD in Berührung. Insgesamt findet sie ihr Leben cool. *„Es kamen ein paar Monate, da war ich meistens mit mir selber zufrieden."* (61)

Die ersten Kontakte mit Heroinfixern bahnen sich an, die als noch cooler gelten als alle anderen, und durch die sich Christiane unterlegen fühlt. Mit knapp 14 Jahren lernt sie Detlef kennen und *sie „steigt in die nächst höhere Klicke auf"*, in der Heroin konsumiert wird. Detlef nimmt bereits Heroin und Christiane spürt wie Detlef ihr entgleitet. Mit 14 steigt sie ebenfalls in diese Droge ein und snieft fürs Erste. Dadurch fühlt sie sich mit Detlef verbunden, und die Droge hilft ihr zunächst, ihre Lebenssituation, Eltern und Schule „cool" zu nehmen; sie wird relaxed und bekommt sogar gute Noten. Gleichzeitig spürt sie ihre Ambivalenz, indem sie gleichaltrige Mädchen hasst, weil sie das gleiche machen wie sie. *„Ich sagte mir immer: <Das miese kleine Stück landet beim H. (Anm.: Heroin)>"*.

Manchmal pausiert sie mit dem Stoff, merkt aber, dass sie mit ihrer Umwelt dann mehr Schwierigkeiten bekommt. Die Droge hingegen beruhigt alles. Sie merkt aber auch, dass ein Snief immer weniger lang anhält. So will sie einen „Schuss", und die nächste Etappe steht an. Sie hat keine Pläne mehr, sondern träumt von Geld, einem großen Haus, einem großen Auto, coolen Möbeln. Das Geldproblem wird immer größer. Sie und Detlef klauen und dealen.

Ihre Mutter merkt lange nichts, vielleicht will sie auch nichts merken. In den Schulferien fährt Christiane zu ihrer Oma aufs Land. Dort zeigt sich das Mädchen wie umgewandelt, passt sich an kindliche Spiele an, fühlt sich wohl bei der Großmutter, zieht sich normal an und denkt allmählich nicht mal mehr an Detlef und schreibt ihm demzufolge auch keinen einzigen Brief. Sie spaltet sich in zwei Personen: *„Ich schrieb Briefe an mich selbst ... Christiane war die Dreizehnjährige, die zur Oma wollte, war irgendwie die Gute, Vera war die Fixerin. Und die stritten sich also jetzt in Briefen."* (97)

Sie bekommt regelrecht einen Horror bei dem Gedanken, wieder zurück nach Berlin zu müssen. Sie traut sich jedoch nicht bei ihrer Großmutter anzufragen, ob sie bei ihr bleiben kann, denn sie will das ihrer Mutter nicht antun. Der Orts- und Systemwechsel wäre aus ihrer Sicht eine Chance gewesen, es fehlte also nicht an einer Lösung.

Zurück in Berlin folgt der Babystrich. Sie will ein *„richtiger Fixer"* werden, will in ihrer Klicke anerkannt werden. Die nächste Etappe ihrer Drogenkarriere sind Zitteranfälle, sie kommt auf „Turkey", wenn sie keinen Stoff mehr hat. Sie und Detlef machen sich etwas vor: *„Wir machen uns diesen Druck noch, und ab morgen ist Schluß"*. Das sagen sie sich zig-mal und verwerfen den Vorsatz genauso oft. Die Lehrer schweigen und schreiten nicht ein. Das Heroin zeigt Wirkung: *„Das Dope und die ganze Hektik, der Kampf* *jeden Tag um Geld und H., der ewige Streß zu Hause, das Verstecken und das Gelüge, mit dem wir unsere Eltern täuschten, machten die Nerven kaputt. Man konnte die Aggressivität, die sich da aufstaute, auch untereinander nicht mehr unter Kontrolle bringen."* (133)

Christiane verwahrlost in ihren Sitten, pöbelt in der U-Bahn, zieht dort den Rock bis zum Bauchnabel hoch und kratzt sich hemmungslos. In der Klicke geht es mehr und mehr nur noch um das Anschaffen und um Freier. *„Ich nahm nichts mehr wahr. Ich war total auf mich fixiert. Aber ich wusste nicht, wer ich war."* (140)

Sie magert ab, und irgendwann erwischt sie die Mutter mit dem Spritzbesteck. Die Mutter tut alles, damit ihre Tochter und auch Detlef entziehen – nicht etwa in einer Klinik, sondern zu Hause unter ihrer Aufsicht. Eine stümperhafte Notlösung in den 70er Jahren, die aber dahingehend wirkt, dass Christiane zum ersten Mal die Schrecken eines körperlichen Entzugs erlebt und diese tatsächlich durchsteht. Kurze Zeit später ist sie wieder im alten Trott. Zwar schaffen es sie und Detlef vier Wochen lang, nicht auf den Strich zu gehen, sondern sich von anderen aushalten zu lassen, aber das ist nur vorübergehend. Und wieder sind da die bürgerlichen Träume von *„einer Wohnung mit französischem Bett und Couchgarnitur und Teppichboden"* (195).

Der Tod zeigt seine Fratze. Atze, ein Freund, setzt sich den Goldenen Schuss. Die Angst, einen schlechten Stoff zu bekommen, der tödlich wirkt, nimmt zu. Christiane hat das Gefühl, dass sie enden wird wie Atze. Mittlerweile ist sie auch eine registrierte Rauschgiftsüchtige und kommt immer wieder in Kontakt mit der Polizei, die aber nicht wirklich aktiv wird. Die Mutter kontrolliert Christianes Arme nach Einstichen, schickt sie in den Ferien auch wieder zur Oma, die über die Drogensucht informiert wird. Der zweite private Entzug erfolgt dort. Christiane lebt sich wieder in die Dorfgemeinschaft ein, doch als sie nach Berlin zurückkehrt, beginnt wieder der alte Trott. Detlef wohnt aus Geldgründen mittlerweile bei einem Freier, was Christiane zu schaffen macht. Einmal konsumiert sie schlechten Stoff und hat aufgrund ihrer heftigen körperlichen Reaktionen Angst, nicht zu überleben. Verzweifelt ruft Sie ihre Mutter an. Vor jedem Schuss bekommt sie alsbald Todesangst. Leben oder Sterben ist jetzt die Devise.

Sie wagt den Schritt zur Drogenberatung, bekommt aber keinen Therapieplatz. Ihre Mutter kauft ihr schließlich für 1500 DM bei der Scientology-Sekte einen Therapieplatz, und Christiane ist bereit, freiwillig zu entziehen. Sie hält die Schmerzen aus und lässt sich auf das zweifelhafte Therapiekonzept ein. Wieder träumt sie und zwar von Schule, Abitur, eigener Wohnung und von einem Cabriolet. Sie flüchtet wiederholt aus der Sekte, wird rückfällig, kehrt aber zurück. *„Wo hätte ich auch hingesollt?"* (237)

Bei der nächsten Flucht informiert die Sekte die Mutter, die resigniert Christianes Sachen abholt und das Mädchen dem Vater übergibt. Christiane wehrt sich dagegen, kommt aber gegen den Vater und die Justiz nicht an. Er kontrolliert sie, doch sie schafft es immer wieder auszubüxen. Sie entdeckt auch im neuen Wohngebiet schnell „die Szene" und findet schließlich wieder zu ihrer alten Szene zurück. Nach wie vor trickst sie ihren Vater aus und geht „auf Trebe", macht ihre gewohnte Tour, jetzt sogar mit Autostrich, was als letzte Notlösung gilt, weil sie dort den Zuhältern ausgesetzt ist, die gegen den Babystrich mit Gewalt vorgehen. Christiane weiß: *„Ich war nun so ungefähr auf der untersten Stufe einer Fixer-Karriere angekommen. Wenn auf dem Autostrich nichts lief, machte ich auch Kriminelles."* (269)

Das Beispiel liefert die Dramaturgie einer Abwärtsspirale, mit Inseln der Ordnung und dem Weg in eine zunehmende Bewusstseinsverengung. Gleichzeitig wird die Beziehungsorientierung von Christiane F. deutlich und ihre Träume von einem ganz normalen Leben. Ein Bedrohungsszenario tut sich auf, das das Potenzial für eine Wendephase bereithält.

6. Verdichtungs- und Wendephase

In der *Verdichtungs- und Wendephase* verdichten sich die Ereignisse. Es wird mehr als deutlich, dass das bisherige Leben in der gewohnten Weise nicht mehr aufrecht zu erhalten ist und dass die bisherigen Bewältigungsstrategien nicht mehr taugen. Die Gefühle der Ambivalenz nehmen zu, und eine Alternative kommt stärker in den Blick.

Der Physiker Hermann Haken (1995, 127) betont, dass beim Auftreten eines neuen Ordnungszustandes ein System immer mehrere Möglichkeiten zur Wahl hat. Die Richtung, die in der Phase des labilen, offenen Übergangs eingeschlagen wird, hängt häufig nur von wenigen äußeren Bedingungen ab, z.B. von Menschen, auf die man trifft, von Konzepten, Worten, Ideen, Ereignissen. Sie bilden Kristallisationspunkte für eine neue Richtung (Haken 1995, 201, 207). Es sind Faktoren, die unter stabilen Bedingungen wohl kaum Aufmerksamkeit finden würden.

Christianes[1] Gefühl ganz unten zu sein verstärkt sich durch weitere Ereignisse. Ihr Freund Detlef und andere Freunde sitzen mittlerweile im Knast. Babsi, ihre 14-jährige Freundin, ist tot, seinerzeit die jüngste Rauschgift-Tote Deutschlands. Christiane erfährt es durch die Zeitung, und es ist, *„als stünde da mein Tod in der Zeitung"* (262). Sie bekommt eine *„irre Wut"* auf die Dealerszene, durch die schmutzige Ware verkauft wird. Christiane geht zur Polizei und packt aus. Sie weiß, dass die Eltern ihr nicht mehr helfen können, und ihr Leben wird für sie immer schwerer zu ertragen. *„Ich konnte nicht mehr mit einem Freier rummachen, ich konnte nicht mehr relaxed auf der Scene rumflippen, ich hielt meinen Vater nicht mehr aus."* (270)

Sie hegt Selbstmordgedanken, ist aber, wie sie schreibt, *„zu feige"* und sucht nach einem Ausweg. Da ist noch Bonnies Ranch, eine Heilanstalt, schlimmer als der Knast, so heißt es unter den Fixern und *„der totale Horror für jeden Fixer"*. Christiane will den Versuch wagen und sich freiwillig in die Heilanstalt einweisen lassen. Eine Alternative sieht sie nicht, und das ist realistisch, denn für Jugendliche in ihrem Altern gibt es in den 70er Jahren kaum Therapieplätze. Wieder macht sie mit Hilfe ihrer Mutter einen Entzug, um sich dann in die Heilanstalt einweisen zu lassen. Dort angekommen fühlt sie sich kaserniert, flippt immer wieder aus, und durch eine heftige Pilzerkrankung kommt sie in ein Krankenhaus. Von dort flieht sie wieder in ihre Szene und wird kurzerhand von der Polizei aufgegriffen und nach ein paar Stunden wieder frei gelassen.

Christiane bekommt einen moralischen Anfall, weil sie nichts auf die Reihe bringt. Sie weiß nicht mehr wohin. Eine Woche lang geht sie täglich zur

---

[1] (Hermann/Rieck 1988)

Drogenberatungsstelle, dort kann sie endlich reden. Dann trifft sie Detlef wieder, und beide landen erneut in der Szene. Christiane empfindet sich als *„den letzten Dreck"*. Auch der Drogenberater meint, es hätte keinen Zweck mit ihr.

Detlef ist ebenfalls am Sich-Umorientieren und findet einen Therapieplatz. Beide nehmen Abschied von der Szene und gehen nochmals an den Szeneort zurück. Christiane hat das Gefühl froh zu sein, *„dass ich aus der Scheiße raus war. Daß ich keine Angst vor Turkey zu haben brauchte und keine Freier machen musste ... Ich fühlte mich den anderen überlegen und war richtig happy, echt übermütig."* (281). Die Szene nimmt sie kritisch unter die Lupe: *„Ich hatte angefangen nachzudenken ... Es gibt eben überhaupt keine Freundschaft unter Fixern. Du bist total allein ... Der ganze Terror um einen Druck ... Jeden Tag ist dieser Terror."* (285).

Gleichzeitig fühlt sie sich kraftlos und sieht für sich keine Zukunft mehr und keine Hoffnung auf ein Überleben. Jeder Entzug scheiterte bisher. Sie gibt auf und setzt an zum Goldenen Schuss. Dazu nimmt sie aber nicht nur zu wenig Stoff, sondern es finden sich rechtzeitig Retter. Christiane ist froh, dass ihr Suizid nicht klappte. Sie drückt weiter am Bahnhof Zoo, hofft, dass ihre Mutter kommt, um sie zu finden, doch statt der Mutter taucht Detlef wieder auf, der aus der Therapie rausgeflogen ist. Als er eine Überdosis Heroin knapp überlebt, ruft Ch. vor Schreck und Panik die Polizei um Hilfe.

Der hier beschriebene Verlauf klingt bizzar. Aber gegenüber der *Up-and-Down-Phase* hat sich Entscheidendes geändert. Christiane sieht ihre eigene Situation nicht nur klarer und kritischer, sondern sie investiert sehr viel Energie in die Alternative, auch wenn sie an ihren eigenen Vorhaben immer wieder scheitert. Sie entscheidet sich für das Leben und mutet sich einiges zu. Ihre Kurzschlusshandlung, als sie zum „goldenen Schuss" anlegt, kann als verzweifelter Hilferuf gedeutet werden und zwar nach Menschen, die sie unterstützen.

Die Situation von Christiane F. ist besonders extrem, da sie auf so wenig menschliche Unterstützung zurückgreifen kann, sowohl was die professionelle Hilfe wie auch die familiale Hilfe anbelangt. Eine Schlüsselfigur ist ihre Mutter. Altersgemäß überträgt die Tochter die unterstützende und helfende Aufgabe einem Elternteil. Christiane ist innerlich bereit, die elterliche Autorität zu akzeptieren und ist offen für Vorgaben und Schrittfolgen. Jedoch stimmen bei ihr der innere Kompass und der äußere Habitus nicht überein. Sie gibt unklare Signale, und es ist bereits zuviel passiert, als dass ihre Umwelt, insbesondere ihre Mutter, noch große Hoffnungen hegen können. Christiane hat sich einen ruppigen, aufbrausenden und aggressiven Umgangsstil zugelegt, mit dem sie sich schützt. So ist es für die Außenstehenden sehr schwer, die feineren Nuancen, die offenen und versteckten Hilferufe hinter dieser Maske wahrzunehmen.

Christiane sehnt sich, wie sie schreibt, nach Gesprächen, doch sie findet keine Gesprächspartner. Die Hilfeangebote, die sie erhält, sind disziplinierende Programme nach der Methode: Friss oder stirb! Christianes starke Rückfälligkeit in dieser Phase lässt sich zum Teil auch damit erklären, dass sie keine helfenden Personen hat, die ihr Halt und Hilfe geben. Ihre Mutter ist überfordert und verliert streckenweise all ihre Hoffnung in Bezug auf ihre Tochter.

Das Wahrnehmen, Gewahrwerden und Erkennen erfährt in dieser Phase eine neue Bedeutung. Das, was man zuvor wegschieben und unterdrücken konnte, tritt nun stärker in den Vordergrund und wird virulent. Das geschieht nicht harmonisch, sondern sozusagen in innerer Spannung und Auseinandersetzung. Jakobs Kampf mit dem Engel symbolisiert die Dualität der Kräfte. Jakob weiß nicht, ob es sich um einen Engel oder Teufel handelt, der ihn in seiner Existenz angreift. Sein Hüftknochen wird verletzt. Der Angreifer stellt sich als gut heraus, gibt ihm den Segen und einen neuen Namen.

> Die Wende bei Johannes Roth (2000) äußert sich in Gefühlen der Angst, des Grauens und der Tränen, denn Annas neuer Rezidiv-Verdacht hat sich eindeutig bestätigt und wieder steht eine Operation an. Es werden sogar noch bösartigere Tumor-Zellen festgestellt als die früheren. Nach der Operation stellen sich Lähmungen ein. Anna ist psychisch am Ende. Johannes konfrontiert sich: *„Gib deine Illusionen und Hoffnungen auf, mach dir nichts vor, Anna ist nicht mehr zu retten."* (44) Und Anna: *„Wenn ich mich hinlege, dann habe ich das Gefühl, ich lege mich zum Sterben hin."*
>
> Sterben kann jetzt thematisiert werden, auch gegenüber einem Freund. Alsdann treten plötzlich massive Ambivalenzen auf, ein plötzlicher Stimmungswechsel, weil sich Annas Symptome etwas gelindert haben. Doch wieder ist eine Operation notwendig. Anna wird danach zum Pflegefall. Ein Arzt drückt unmissverständlich die Situation aus: *„Dieser Tumor wird ihrer Frau das Leben kosten."* Anna wird in eine Rehaklinik verlegt und macht dort nochmals kleine „Fortschritte", die aber nicht wirklich Fortschritte sind.

In der *Verdichtungs- und Wendephase* wird die Alternative als Option und reale Möglichkeit wahrnehmbar. Gleichzeitig motiviert das Gewohnte, daran festzuhalten. Manches muss gegebenenfalls nochmal schmerzhaft durchlebt werden, damit deutlich wird, dass es kein Zurück mehr gibt. Dies kann helfen, den Wunsch nach der Alternative zu stärken bzw. einzusehen, dass ein neuer Weg gegangen werden muss. Der Prozess des Loslassens kann äußerst schmerzhaft sein.

Von ganz besonderer Bedeutung in der *Verdichtungs- und Wendephase* sind Schlüsselereignisse, wie beispielsweise ein Krankheitsverlauf und medizinische Befunde, wie es bei Johannes Roth der Fall war. Von Bedeutung sind ebenso Schlüsselpersonen, d.h. Menschen, die durch konkrete Hilfe und Begleitung ermutigen, einen neuen Weg einzuschlagen. Schlüsselpersonen sind Menschen, die als vertrauensvoll und unterstützend erfahren werden, Personen also, auf die man sich verlassen kann. So wie Ingo Hasselbach in dieser Phase auf seinen Journalistenfreund setzten kann, hat Christiane F. ihre Mutter, die sich um sie bemüht; Andrea wird ebenfalls durch ihre fürsorglichen Eltern unterstützt. Johannes Roth erfährt therapeutische Hilfe und auch die Hilfe von Nachbarn. Waren in der *Up-and-Down-Phase* Schlüsselpersonen zum Teil auch jene, die ein Abdriften in die Abwärtsspirale beförderten, wie etwa Jenny, die Freundin von Andrea, so haben Schlüsselpersonen in der *Verdichtungs- und Wendephase* die Kraft, eine Wende zu unterstützen und den Wunsch nach Veränderung zu festigen.

Die *Verdichtungs- und Wendephase* setzt die Erfahrung voraus, dass das alte Lebenskonzept nicht mehr tauglich ist. Erst diese Erfahrung öffnete das Bewusstsein. Und durch die entstehende Offenheit ist auch die Chance gegeben, offen gegenüber unterstützenden Menschen zu sein. Die Verdichtung der Ereignisse und der Zugang zu Schlüsselpersonen können helfen, neue Erfahrungen einzugehen und das Neue zu wagen. Systemisch formuliert: Das System verhält sich umweltoffen und ist bereit an seiner Autopoiesis zu arbeiten.

Verhält sich ein Mensch umweltoffen, sendet er Signale aus, und es können sich Begegnungen ereignen. Hasselbach braucht einen männlichen Freund und eine Figur, mit der er sich identifizieren kann. Bonengels Interessen sind darauf gerichtet, einen Film zu machen, aber er braucht möglicherweise noch mehr, sonst ließen sich seine unterstützenden Handlungen kaum erklären. Solche Begegnungen mögen in oberflächlicher Betrachtung zufällig sein, aber es handelt sich um Begegnungen, die reziprok sind und nach denen sich ein bedürftiger Teil des Selbst sehnt.

In der *Verdichtungs- und Wendephase* geht es darum, die Alternative für den Betroffenen zu schärfen. Das Vertrauen in das, was sein könnte, ist möglicherweise noch vage und muss genährt werden. Aber erst, wenn ein Wille da ist sowie Kraft und Ideen für eine Veränderung, kann die eigentliche Entwicklungsarbeit beginnen.

7. Die Entwicklungsphase

Kennzeichnet sich die *Verdichtungs- und Wendephase* als Entscheidungskampf zwischen einem alten und neuen Weg, der mit starken Ambivalenzen einhergeht, so sind die Ambivalenzen in der *Entwicklungsphase* zwar keineswegs überwunden, aber die Zielrichtung, die angesteuert wird, bekommt hier eine klarere Kontur. Eine Richtung setzt sich durch, was nicht heißt, dass das Bisherige gänzlich zurücktritt. Der *Entwicklungsphase* voraus geht eine Entscheidung und die *Verdichtungs- und Wendephase* ist deren Auslöser; vollzogen wird die Entscheidung in der *Entwicklungsphase*. Jetzt erst beginnt die eigentliche Arbeit, um den neu eingeschlagenen Weg tatsächlich zu gehen.

Entwicklung bedeutet Arbeit, und diese wiederum setzt Bewusstheit voraus und damit einhergehend den bewussten Kampf mit der Ambivalenz. Die Entscheidung, will sie in Handeln umgesetzt werden, setzt voraus, dass bisherige Optionen des Handelns und Verhaltens ausgeschlossen werden, z.B. der Konsum von Suchtmitteln oder Medikamenten, die Bewältigung von Konflikten mit aggressiven Mitteln u.a.m. Ob dies gelingt, hängt nicht allein von den Fähigkeiten, Stärken und vom Willen einer Person ab, sondern ebenso von der relevanten Umwelt und damit einhergehend von der Frage, wie viel Entwicklung zugelassen und gefördert und was verhindert wird.

Die Entwicklungsarbeit ist ein Kampf mit dem Alten, der umso intensiver ist, je weniger das Neue bereits greifbar ist. Es ist ein Lavieren zwischen Alt und Neu, und der Weg zum neuen Ufer kann sich durchaus als schwierig und langwierig erweisen. Schon gar nicht ist die Entwicklungsarbeit ein linearer Prozess, durch den man Schritt für Schritt stetig voran schreitet. In dieser Phase ist Integrationsarbeit angesagt, und zwar die Integration von Altem und Neuem. Dies betrifft Lebensziele, Gefühls-, Denk- und Handlungsmuster, Lebensräume, Menschen, die man hinzugewinnt oder aufgibt u.a.m.

Was in der Regel im Übergang bzw. Beginn der *Entwicklungsphase* geschieht, soll eine Geschichte von Clarissa P. Estés (1993, 31ff.) verdeutlichen. Sie erzählt in „Die Wolfsfrau" von einer Frau namens *La Loba*.

> „Sie kriecht tief gebückt durch die *Arroyos*, die ausgetrockneten Flussbetten, und klettert über die Bergkämme, dabei sucht sie unter jedem Strauch und Stein nach Bärenknochen, Krähenleichen, Schlangenhäuten, aber ganz speziell sucht sie nach den Gebeinen toter Wölfe, denn den Wölfen gilt ihre tiefste Liebe. Und wenn sie ein vollständiges Skelett zusammengetragen hat, wenn auch der letzte Rückenwirbel sich am rechten Platz befindet und das Wolfsgerippe schön säuberlich geordnet vor ihr im harten Wüstensand liegt, dann lässt sie ihre faltigen Hände darüber schweben und singt ... Und dann dauert es nicht mehr lange, bis

eine Spur von Fleisch über den Knochen sichtbar wird, bis eine Spur von Haut und Fell das Fleisch überzieht. *La Loba* singt, und die Kreatur unter ihr nimmt zusehends Gestalt an ..."

Ein zunächst schauriges Märchen von Tod und neuem Leben. Doch bei genauem Lesen bedeutet es nichts anderes, als dass ein alter Zustand beendet ist und der neue Zustand sich aus den alten Teilen neu zusammensetzt. Mühsam und liebevoll werden die alten Teile gesammelt und neu geordnet. Dann wird dem Alten, Abgestorbenen, Zerbrochenen und Verletzten neues Leben eingesungen, bis sich ein neues Wesen bildet.

Dieses Märchen symbolisiert in einer archaischen Weise die Entwicklungsarbeit. Das Neue geht aus dem Alten hervor. Das Alte wird neu arrangiert, Fleisch, Haut und Fell müssen sich neu bilden. Jede Entwicklung hat mit Sterben und Neubeginn zu tun; jedoch birgt das Neue viel Altes. Manche Teile sind tatsächlich verlustig gegangen, werden nicht mehr gebraucht, taugen nicht mehr, andere verlieren an Bedeutung, und wieder andere sind so wichtig wie ehemals. Wir Menschen sind ständig am Werden und demzufolge ständig am „Sterben". Dass solche Prozesse nicht selten schmerzhaft sind und Zeit brauchen, bleibt nicht aus.

Entwickeln ist ein aufwändiger Vorgang: Wir entwickeln uns aus etwas heraus und setzen uns neu zusammen, um uns in eine neue Stufe hinein zu entwickeln. Das Alte wird dem Neuen untergeordnet, ist aber nicht verschwunden, auch wird das Neue zum Teil dem Alten untergeordnet. Langsam und allmählich muss das Neue Festigkeit gewinnen. Schritt für Schritt, so, wie Jakob langsamen Schrittes in die neue Heimat zieht.

Nach Robert Kegan ist die neue Stufe eine neue Stufe des Gleichgewichts. Diese entsteht aber nicht sofort. Zwischen dem alten und neuen Gleichgewicht „*liegt eine Phase, in der ich gleichzeitig ich und nicht-ich bin, in der ich das Gefühl habe, ein Selbst zu verlieren, ohne ein neues Selbst zu haben*". (Kegan 1994, 227). Was das konkret bedeuten kann, beschreibt Johannes Roth (2000). Er durchläuft einen schmerzhaften Prozess des Abschieds von seiner Frau, die an ihrem Gehirntumor stirbt. Johannes muss sein Leben neu ordnen, eine neue Entwicklungsstufe ist angesagt. Nach dem Tod seiner Frau schreibt er:

> „Manchmal fühle ich mich wie zersplittert, demontiert, in Einzelteile zerlegt, so als ob ich mich ganz neu zusammensetzen müsste, um weiterleben zu können ... Und manchmal ... schwingt sogar so etwas wie Freude mit und Neugier, wenn ich mir vorstelle, mich nun ganz neu zusammenzubauen, mein Leben neu gestalten zu können. Aber es wird ein sehr langer Weg sein, es wird Rückschläge und Enttäuschungen geben. Das kann gar nicht anders sein." (155)

Bei diesem Zusammenbauen, das wir bereits durch La Loba kennen gelernt haben, geht es bei Johannes Roth nicht mehr darum, Annas Verlust zu verarbeiten, und darum, welche der Aufgaben, die sie früher übernommen hatte, er nun in sein Leben integrieren muss, z.B. die Kinder versorgen, Haus- und Gartenarbeiten erledigen. Diesen Prozess hat er bereits während der Krankheitsphase durchlaufen. Ein viel größeres Aufgabenpaket für ihn ist der Umgang mit seinen Gefühlen, mit seiner Kopflastigkeit, seiner, wie er schreibt, übersteigerten Selbstbezogenheit. Mit Hilfe eines Therapeuten arbeitet er an seiner „narzisstischen Persönlichkeitsstruktur"; dies ist für ihn der eigentliche Prozess des sich Zerlegens und neu Zusammenbauens.

Die *Entwicklungsphase* ist ein mehr oder weniger instabiler Übergang zu einer neuen Lebensphase, die bessere Möglichkeiten der Lebensbewältigung verspricht. Entwicklung heißt nichts anderes als von einem Ordnungszustand in einen anderen, komplexeren zu gelangen. Damit einher geht zum Teil eine sehr anstrengende Entwicklungsarbeit. Durch sie festigen sich neue Akzentsetzungen und Orientierungen und zwar solche, die mit der inneren Logik des Persönlichkeitssystem und dessen Umwelteingebundenheit in Passung stehen.

An anderer Stelle wurde vermerkt, dass Entwicklungen mit den Anfangsbedingungen des Systems zu tun haben. Das, was sich neu entwickelt, ist, so lässt sich folgern, schon längst da, manchmal latent und versteckt, manchmal sichtbar. In der *Up-and-Down-Phase* deutet sich die Alternative möglicherweise schon durch Wünsche und Bewältigungsversuche an, die in dieser Phase jedoch noch keine Tragfähigkeit finden.

> Bereits bevor Anna Roth ein Gehirntumor diagnostiziert wird, befindet sich Johannes R. in einer Krise. Als Lehrer fühlt er sich geistig und körperlich erschöpft, die anstrengenden Schulkinder nerven und frustrieren ihn. Er beginnt zu schreiben, zunächst Gedichte. In dieser Phase bricht Annas Krankheit herein. In der *Up-and-Down-Phase* beginnt er ein Tagebuch über den Krankheitsverlauf zu schreiben. Es endet mit dem Tod Annas und mit seinen Hoffnungen, was die Zukunft betrifft.
>
> Das Schreiben hat für ihn von Anfang an einen wichtigen Stellenwert. Das Tagebuch wird in Buchform veröffentlicht. Der Leser erfährt, dass es eine große Leserschaft erreicht hat und bereits die dritte Auflage geplant ist. Das Tagebuch zeigt sich somit als eine Art Kristallisationspunkt. Die neue Stufe verbindet Johannes Roth mit einer neuen Ausbalancierung zwischen Lehren und Schreiben, was schon lange als Bedürfnis im Rahmen seiner Ich-Entwicklung vorhanden gewesen ist.

Die Arbeitsphase erfordert eine intensive Investition von Wille und Ressourcen sowohl seitens der Betroffenen wie auch der Umwelt, damit einhergehend der HelferInnen, um einerseits gegen die Restattraktivität des Alten und gegen die Unsicherheit des Neuen anzukämpfen und um andererseits in den neuen Weg zu investieren. Was aber, wenn es keine Helfer gibt, oder wenn die Helfer selbst zögerlich sind? Es ist ein Zurückgeworfenwerden auf das brüchige und verletzte Selbst, das aus sich heraus alles mobilisieren muss. Eine fast unmenschliche Anforderung! Die Bereitschaft einer Person zur Entwicklung braucht die Unterstützung des Umfeldes. Es braucht helfende und motivierende Personen wie überhaupt ein stützendes Lebensumfeld. Der Fall Christiane F. (Hermann/Rieck 1988) zeigt, welche unorthodoxen Hilfen von außen greifen können, um die Entwicklungsphase nachhaltig zu flankieren.

> Als Christiane F. wegen Detlefs körperlichen Kollaps die Polizei ruft, nimmt diese das Mädchen gleich mit. Die Mutter wird informiert, die nun geistesgegenwärtig und vielleicht in einer letzten Verzweiflungstat, um ihre Tochter zu retten, stellvertretend für Christiane handelt. Christiane lässt es über sich ergehen, dass sie von der Mutter ins Flugzeug nach Hamburg gesetzt wird, wo sie eine Tante abholt. Ihr ist alles recht, wenn man ihr nur hilft. Mutter und Tante verplanen in einer halben Stunde Christianes zukünftiges Leben. Die Tante zwingt sie zur Disziplin und Ordnung. Christane fügt sich, obwohl es ihr sehr schwer fällt. *„Ich rastete bei den geringsten Kleinigkeiten aus. Ständig gab es irgendwelchen Krach."* (310)
>
> Mit dem Wissen, dass sie nach wie vor gefährdet ist, hält sie sich von der Hamburger Szene bewusst fern. Seit langem erlebt sie wieder ein idyllisches Weihnachten. Mit der Realschule, in die sie eingeschult wird, kommt sie zurecht, die meisten Lehrer können sich dort durchsetzen, irgendwie herrscht Ordnung. Ein Tief erfährt sie jedoch, als sie von der Realschule gehen muss, weil sie laut Akte gar nicht die Zugangsberechtigung hat. Plötzlich hat sie keine Zukunftspläne mehr, und in die Hauptschule will sie nicht. Die innere Frustration kann sie jedoch durch ihren neuen Klassenlehrer in der Hauptschule einigermaßen bewältigen. Zu ihm findet sie Kontakt. Er nimmt seine Schüler ernst, kümmert sich um sie, macht ihnen in Bezug auf ihre Chancen nichts vor und gibt ihnen trotzdem oder vor allem deswegen Lebensregeln, die Christiane beschäftigen. Sie beobachtet ihre Mitschülerinnen, reflektiert deren Weiblichkeitswahn und deren Unterordnung gegenüber den Jungs. *„Ich war irrsinnig sauer, wenn ich das sah. Auf eine Art erinnerte das auch an mich. Ich hatte mich auch weggeschminkt und verkleidet, um erst den Typen von der Hasch-Scene und dann von der H-Scene zu gefallen. Ich hatte auch irgendwie mein Ich aufgegeben, um nur noch Fixer-Braut zu sein."* (316) Christiane entschließt sich, mit der Welt, so wie sie war, zurechtzukommen. *„Ich dachte, es müsse irgendeinen Mittelweg geben. Sich nicht total an diese beschissene Gesellschaft anpassen und mit ihr doch fertig werden."* (317)
>
> Christiane findet einen Freund, einen Gymnasiasten, der sie in die Welt der Bücher einführt. Als er sexuellen Kontakt sucht, trennt sie sich von ihm. Wieder gerät sie in eine Klicke, die mit Rauschgift experimentiert. Eine Zeitlang nimmt sie Valium, lässt aber von den harten Drogen die Finger. Heroin gibt es ohnehin nicht in ihrem Umfeld. Mit der Klicke geht sie viel in die Natur, die sie wie eine eigene Welt für sich erlebt, weit weg von der „Welt da draußen".

Unterstützende Personen und Systeme sind in dieser Phase unersetzbar. Angehörige, Freunde und Professionelle übernehmen für die Entwicklung des betroffenen Menschen eine zentrale Aufgabe und Verantwortung. Die Aufenthalte bei der Großmutter sind für Christiane F. stets Aufenthalte der Regeneration gewesen. Durch einen kontinuierlichen System- und Ortswechsel hätte Christiane die große Chance gehabt, möglicherweise viel früher aus ihrer prekären Lage herauszukommen. Wäre rechtzeitig jemand da gewesen, der dies erkannt hätte, wäre ihr womöglich vieles erspart geblieben.

Der Aufenthalt bei der konsequenten Tante kann Christianes Bedürfnis nach ländlicher Umgebung, nach Sicherheit, Ordnung, Frieden und freundschaftlichen Kontakten mit Gleichaltrigen befriedigen. All das gibt ihr Kraft, um im richtigen Moment Nein zu sagen und sich sowohl von harten Drogen wie von Menschen, die ihr schaden könnten, zu distanzieren. Der ihren Bedürfnissen entsprechende und sie gleichzeitig fordernde Systemwechsel bietet ihr die Möglichkeit, nicht alle Energien aufwenden zu müssen, um zu flüchten und ihrem inneren Kompensationsdrang und ihren Ersatzbefriedigungen nachzugeben. Sie kann nun ihr Denken und ihre Wahrnehmung einsetzen und kann sich und ihre Umgebung reflektieren. Die helfenden Menschen geben ihr Ankerpunkte. Gleichzeitig wird deutlich, wie wackelig und gefährdend diese Phase nach wie vor ist, dass Rückfälle lauern und dass ein schwieriger Balanceakt zu meistern ist.

Dass in der Entwicklungsphase stellvertretende Handlungen und direktive Interventionen durch unterstützende Menschen nicht nur für Jugendliche wichtig sein können, sondern auch für Erwachsene, zeigt die Krankheitsgeschichte von Piet C. Kuiper (2002).

> P. C. Kuiper ist ein erfolgreicher und berühmter Psychiater. Sein Pensionsalter naht und er möchte ein „geniales" Werk verfassen. Altsein wird zunehmend ein Thema für ihn, Ängste folgen, eine Viruskrankheit schwächt ihn, es treten psychische Verwirrungen auf, alte Schuldgefühle tauchen auf, es folgen Depression, Angst und Panik und schließlich Wahnvorstellungen. Die *Up-and-Down-Phase* zeigt sich somit sehr bedrohlich für ihn und driftet in eine Abwärtsspirale.

> Kuiper wurde streng nach calvinistischen Regeln erzogen; durch seine Herkunftsfamilie, die mit den Themen Krankheit und Tod zu kämpfen hatte, ist auch er psychisch vorbelastet. Er wächst mit der „Angst vor der Hölle" auf. Die Mutter zeigt in der Erziehung von Kuiper in Bezug auf ihre eigene Lebensbewältigung eine geradezu zwanghafte Strenge und Disziplin, die Kuiper prägen. Wenn er irgendetwas falsch macht, fühlt er schreckliche Scham.

> In der Schule wird er von einem Lehrer und den Mitschülern gehänselt und bloßgestellt, weil er Fingernägel kaut. Der Vater ist eher liberal. Genauso wie die Eltern Zwang und Liberalität symbolisieren, beschäftigt er sich thematisch auch in der Oberschule intensiv mit dieser Polarität. Platon und Sokrates weisen ihm den Weg der Liebe, die griechischen Tragö-

dien dagegen zeigen eine Welt der Schuld, Rache, Aggression und des Todes. Auch später beschäftigen ihn diese Themen, indem er sich mit den griechischen Philosophen und dem Begriff des Seins auseinandersetzt, und damit einhergehend mit dem alten Testament und seinem grausam strafenden Gott Jahwe.

Kuiper beschreibt sich aus der Perspektive anderer, die sagen, er sei ruhmsüchtig, fordere viel von seinen Mitarbeitern, sei despotisch, würde Männer bevorzugen. Ein Jugendfreund schreibt ihm: *„Deine Mitmenschen haben Dich nie interessiert. Du hast immer nur an Dich und Deinen Erfolg gedacht"* (90). Kuiper gibt ihm recht! *„Ich fühlte mich schuldig, gottlos, verworfen, ich fand, dass ich ein liederliches Leben geführt hatte, und quälte mich mit dem Gedanken, dass ich andere für mich selbst geopfert hatte"* (91).

Es hat ihn immer danach gedrängt, Bücher zu schreiben, zu reisen, Freunde um sich zu sammeln und zu malen. Sein Ich genießt diese Aufmerksamkeit und den Ruhm.

Die Abwärtsspirale zeigt folgende Dramaturgie: Einlieferung in die Klinik, autoaggressive körperliche Selbtverletzung, somatische Beeinträchtigungen durch die medikamentöse Behandlung, Verwechslung von Personen, das ständige Gefühl in der Hölle zu sein, panische Angst, höhere medikamentöse Dosen mit der Gefahr körperlicher Lähmungen.

Der medizinisch überforderte Klinikchef überweist Kuiper an eine andere Fachklinik. Trotz freundlicher und menschlicher Atmosphäre und einem kompetenten Klinikarzt kommt es dort zum Tiefpunkt. Kuiper greift einen Pfleger tätlich an, der sich aber retten kann. Kuiper hat immer wieder Lichtblicke und bekommt mit, was er tut. Er verlangt schließlich selbst eine Kasernierung. Der Chefarzt weigert sich, dem nachzukommen und mutet ihm eine Rosskur zu: strikte Reduzierung der Medikamente und viel Bewegung. Er macht Kuiper unmissverständlich klar, dass eine weitere Medikamentenzufuhr in der bisherigen Dosis die körperliche und geistige Zerstörung von Kuiper zur Folge hätte.

Die niedrigere Dosierung führt bei Kuiper zu wachsenden panischen Ängsten. Er kann diese kaum noch aushalten und verlangt stärkere Antidepressiva, doch der Chefarzt weigert sich und erwartet von Kuiper, das Martyrium auszuhalten.
Er verordnet ihm neben der Bewegung eine strenge Diät und vermittelt ihm eine Gesprächsgruppe wie auch einen Pfarrer, mit dem Kuiper sein religiöses Dilemma besprechen kann.

Allmählich kommt ein Prozess in Gang, der schließlich zur Genesung führt. Eine große Bestärkung ist die maltherapeutische Unterstützung und das Insistieren des Arztes, dass er seine Krankheitsgeschichte aufschreiben soll. Somit wird auf vier zentrale Ressourcen zurückgegriffen, die therapeutisch nutzbar gemacht werden können: Disziplin, Beziehungen und Gespräche, das Schreiben und das Malen. Insgesamt braucht es drei Jahre, bis Kuiper die Krankheit überwindet.

Manche LeserInnen werden möglicherweise an dieser Stelle innehalten. Gerade die modernen psychosozialen Ansätze des Helfens wenden sich gegen den Expertenstatus helfender Personen. Am Beispiels des Falles Kuiper wird die Bedeutung des ärztlichen Experten deutlich. Es gehört zur Wirklichkeit des Helfens, dass Menschen in Notsituationen unter Umständen stellvertretende Handlungen brauchen. Was wäre mit Christiane F. geschehen, wenn sie nicht durch ihre Mutter ins Flugzeug gesetzt worden wäre, wenn die Mutter sie stattdessen aufgegeben hätte? Je extremer die Not und die Krankheit beschaffen sind, desto mehr muss ggf. von außen interveniert werden. Daraus ist weder ein unerschütterliches Gesetz zu machen, noch stimmt das Gegenteil. Freilich werden die Interventionen von außen in der Regel nur dort Erfolg haben können, wo sie von den Betroffenen akzeptiert werden.

Die Begleitung von außen ist ein zentraler Faktor für das Gelingen der Entwicklungsphase. Die Dosis des Helfens und der Bedarf an Interventionen sind deutungsabhängig und müssen in Bezug auf den Einzelfall entschieden werden. Populär gewordene Sätze wie „Der Adressat ist Experte seines Lebens" klingen aufgrund der beschriebenen Beispiele geradezu zynisch. Auch Empowermentansätze, die auf Selbstständigkeit und Autonomie der Adressaten setzen, können sich hinsichtlich des Anfangsstadiums der Entwicklungsphase in äußerst problematischen Fällen als wenig geeignet erweisen, weil sie möglicherweise das Ziel verfehlen. Im Spagat zwischen dem Alten und dem Neuen brauchen die Betroffenen einen Orientierungs- und Handlungsrahmen, auf den sie sich verlassen können, sie brauchen richtungsweisende und führende Begleitung. Freilich nicht eine Begleitung, die kolonialisiert, die entmündigt, alles besser weiß, sondern eine, die den hilfebedürftigen Menschen in seinen Möglichkeiten und Bedürfnissen wahrnimmt und auch in seinen Grenzen und in seinem Gefangensein.

An diesem Punkt der Reflexion liegt es nahe, das Autopoiesis-Konzept, das Niklas Luhmann (1982) von Humberto Maturana und Francisco Varela (1991) für die Sozialwissenschaften übernommen und weiter entwickelt hat und das in den Disziplinen der helfenden Berufe nachhaltige Verwendung[1] gefunden hat, kurz einzublenden. Das Konzept geht von der operationalen Geschlossenheit und von der Strukturdeterminiertheit von Systemen aus. Bezogen auf Personen besagen diese, dass Erkennen, Wahrnehmen und Handeln subjektgebunden sind. Das, was Bewusstseinssysteme tun, entspricht ihren internen biologischen und psychologischen Logiken. Informationen und Interventionen von der Umwelt werden daher nicht eins zu eins verarbeitet.

Dieses Konzept eignet sich in der helfenden Praxis vor allem, um zu erklären, warum AdressatInnen helfende Angebote nicht oder nur teilweise annehmen und warum Hilfeprozesse möglicherweise ganz andere Verläufe nehmen als erwartet. Widerstände, Abwehrreaktionen, Verleugnungen und Projektionen kön-

---

[1] Vgl. z.B. Kleve 1996; Kriz 1999; Ludewig 1992; Miller 2001.

nen damit zumindest vom Ansatz her erklärt werden. Das Konzept sagt jedoch sehr wenig darüber aus, warum Umwelt intervenieren kann, warum Interventionen erfolgreich sind und warum Informationen trotz Autopoiesis in der intendierten Art und Weise aufgenommen werden. Der Begriff der Passung im Rahmen struktureller Koppelungen (Maturana) bzw. Interpenetration (Luhmann) sieht zwar die grundsätzliche Möglichkeit vor, dass Umwelt Einfluss nehmen kann, aber ich stimme Jürgen Kriz (1999, 86) zu, wenn er feststellt, dass diese Theoreme doch sehr erklärungsarm geblieben seien.

Im Kontext des Entwicklungsmodells kann aufgezeigt werden, dass die Wende- und noch stärker die Entwicklungsphase Bedingungen zeigen, durch die operationale Geschlossenheit des Bewusstseinssystems aufbricht, um sich gegenüber der Umwelt stärker zu öffnen; dies ermöglicht Austauschprozesse, die im Sinne der Entwicklung konstruktive Wirkungen zeigen. Impulse aus der Umwelt werden verarbeitet, und zwar durchaus entlang der Botschaften und Handlungen, die von dort erfolgen.

Die Bedingungen der Passung, um solche Voraussetzungen herzustellen, sind seitens des Bewusstseinssystems die Einsicht in die eigene Entwicklungsnotwendigkeit, das Wahrnehmen von Bedürfnissen, die Öffnung gegenüber helfenden Personen, die emotional akzeptiert werden, in die Vertrauen gesetzt wird, und die deswegen auch Modellfunktion haben können. Bedürfnisorientierung, Wahrnehmung, Bewusstheit und emotionale Einsicht sind als zentrale Faktoren zu betrachten, um auf Umweltangebote einzugehen. Sie sind wichtige Voraussetzungen, damit Hilfe angenommen werden kann.

Diese Aussagen stellen das Autopoiesis-Konzept nicht grundsätzlich in Frage, sondern werfen die Frage der Beeinflussung auf. Um mit Gerhard Roth (1994, 274) zu sprechen, ist Beeinflussung dort gegeben, wo der gemeinsame Aufbau eines „konsensuellen Bereichs" möglich wird und „Resonanz" entsteht.

Immer wieder fällt bei den Autobiografien auf, dass der Entwicklungsweg in Bezug steht zu den früheren Lebensstadien. Die Lebensalternative und damit die neue Stufe der Entwicklung zeigt biografische Passung, ebenso die Hilfen, die greifen. Trotzdem ist die Arbeit an der Entwicklung spannungsgeladen, weil die Bedürfnisse und das die Person umgebende Setting nicht immer passgenau sind und weil sie es aufgrund der Ambivalenzen auch gar nicht sein können.

Christiane F. nervt die Ordnung und Disziplin, die von ihr verlangt werden, und gleichzeitig braucht sie diese als Halt. P. Kuiper wehrt sich gegen den Medikamentenentzug und gleichzeitig ist dieser für ihn überlebensnotwendig. Das innere Gespür für solche Wichtigkeiten muss vorhanden sein, damit schwierige Phasen der Entwicklung von den Betroffenen durchgehalten werden können. Darüber hinaus hilft es den Betroffenen, wenn sie ein klares Gegenüber haben, das sie konfrontiert, fordert und fördert. Dazu gehört das Einsichtigmachen dessen, was an Herausforderung und Belastung ansteht.

Der Kommunikation zwischen Betroffene/r und HelferIn kommt hier eine zentrale Bedeutung zu. Bewusstheit und Wahrnehmung sind in dieser Phase sensibilisiert, so dass die Chance für eine gelingende Kommunikation gegeben ist. In allen Schilderungen wird die Bedeutung der Kommunikation sichtbar. Christiane F. stellt fest, dass sie mit ihrer Tante „*ganz gut quatschen*" (306) kann. Plötzlich findet sie auch Gesprächspartner durch Freunde und Lehrer. In den früheren Phasen beklagte sie sich, dass sie niemanden hatte, mit dem sie sich aussprechen konnte. Für P. Kuiper sind die Gespräche mit dem Arzt und dem Pfarrer, die Gespräche mit der Gruppe, aber auch mit dem Klinikpersonal von ganz zentraler Bedeutung: „*Regelmäßige Kommunikation mit anderen und gezielte Aktivitäten halfen mir, die Angst abzuwehren und meine allgemeine Stimmung zu heben.*" (195)

Menschen haben eine Chance sich zu entwickeln, wenn sie mit anderen Menschen ihre Situation besprechen und durchdenken können. So können sie sich und ihr Leben besser verstehen, werden in ihren Visionen bestärkt und erhalten konkrete Unterstützungsangebote und Ressourcen, um die Herausforderungen zu meistern. Diese Feststellung korrespondiert mit dem Ansatz von Aaron Antonovsky (1997), der unter Gesundheit versteht, dass Menschen ihre Situation verstehen, dass sie diese mit Hilfe ihrer Umwelt als bewältigbar erleben und ihre Zukunft als sinnhaft wahrnehmen. Krankheit entsteht, wenn dies nicht gegeben ist. „Gesunde" Entwicklungen, so lässt sich folgern, brauchen Kommunikation, Beziehung, Bewusstheit, Ressourcen und Sinn (s.a. Fröschl 2000). Da, wo aufgrund entwicklungsbedingter oder kognitiver Beeinträchtigungen auf der Ebene der Bewusstheit nicht so stark gearbeitet werden kann, braucht es ein nachhaltiges Erleben der Alternative, um sich vertrauensvoll einlassen und in das Neue hineinentwickeln zu können.

Wahrnehmung – Kommunikation – Entwickung des Selbst

In der *Entwicklungsphase* vollzieht sich ein deutlicher Wahrnehmungswandel. Der Blick weitet sich nach innen und nach außen. Die bisher gelebte, zum Teil extreme Einseitigkeit weicht auf. Das rigorose Entweder-Oder, Alles oder Nichts, Gut oder Schlecht, die kompromisslose Haltung, das Festhalten am So-soll-es-sein, all das wird nun aufgebrochen. Es erfolgen Abwägungen und Differenzierungen.

> Johannes Roth vollzieht den Übergang in die Entwicklungsstufe mit folgenden Worten: „*Manchmal kann ich den Gedanken nicht mehr wegschieben: Soll Anna das alles noch mitmachen: endlose, kraftraubende Therapien, die ihr doch nur begrenzt, wenn überhaupt, helfen können? Wäre es nicht besser, sie könnte bald sterben, als diesen Leidensweg bis zum bitteren Ende gehen zu müssen?*" (57)

Noch im gleichen Monat beginnt er eine Therapie. Er findet einen Ort, wo er über Anna, sein berufliches Burnout, seine psychosomatischen Probleme und seine Angst sprechen kann. Und: Der Psychotherapeut schreibt und veröffentlicht auch Gedichte, so dass es hier einen gemeinsamen Draht gibt.

Annas Tumor wächst weiter, zum ersten Mal spricht sie von ihrer Beerdigung. *„Wir sprachen über die OP, auch über den Tod und das Sterben. Ganz ruhig, ohne Angst und Panik, ohne Tränen."* Dann wieder eine Operation, Anna will danach „wieder gesund" werden. Johannes findet das absurd, lässt sich aber anstecken, dann folgt wieder Hoffnungslosigkeit. Im Juni sprechen sie über die Traueranzeige und mit dem Pastor über das Begräbnis. Eine Frau aus dem Dorf hilft bei der Pflege, was sehr entlastend ist. Anna ist im Endstadium. Johannes geht auf den Friedhof. *„Ich spüre eine Gelassenheit und Kraft in mir, wie ich sie bisher nie so deutlich wahrgenommen hatte. Ein Gefühl, das mir sagt: Du wirst es schaffen. Du wirst Anna bis zuletzt begleiten und du wirst stark genug sein, sie gehen zu lassen. Du hast dein Möglichstes für sie getan. Mach dir keine Sorgen um deine Zukunft, um dich und die Kinder. Du hast viel gelernt, du wirst es alleine schaffen."* (86)

Seine Hoffnung richtet sich jetzt nur noch darauf, dass Anna *„ohne Qualen und in Würde sterben kann"*. Annas Zustand wird immer dramatischer, sie erblindet, zeigt Schläfrigkeit, die Fülle der Medikamente wirkt kontraproduktiv. Schließlich entscheidet sich Johannes, Anna *„künftig kein Kortison und kein Glycerol mehr (zu) geben, damit sie bald sterben kann."* (93)

Johannes bekommt bei der Pflege sehr viel Unterstützung durch die Ärzte und Nachbarn. Auch holt er sich Hilfe für die Erziehungsarbeit durch eine Beraterin. Das Tagebuchschreiben ist ihm ebenfalls eine besondere Stütze. Er bekommt mehr und mehr innere Distanz zu Anna, was im hilft, Abschied zu nehmen: *„Es ist bedrückend mitzuerleben, wie dieser Mensch Anna, der mir vertraut war ..., von Tag zu Tag mehr seine Persönlichkeit verliert, mir fremd wird"*. Anna stirbt. Johannes kann sie gehen lassen und er fühlt Aufatmen, Erleichterung, Freude und Dankbarkeit, dass sie ohne Schmerzen zu Hause hatte sterben können. Er fühlt sich von einer schweren Last und einer großen Angst befreit.

In der *Entwicklungsphase* sind Zukunftsperspektiven, Wahrnehmung, Kommunikation, Selbstreflexion, Durchhalten und Disziplin sowie das persönliche Reifen zu stärken. Sie sind die Elemente, die eine Person in die nächste Stufe hinein wachsen lassen. Als persönliche Reife ist die Art und Weise zu verstehen, wie ein Mensch mit sich und anderen umgeht. Auffallend bei den beschriebenen Beispielen ist, dass sich in der *Entwicklungsphase* diese Reife entfaltet. Die Beziehung des Selbst zur Umwelt wird tragfähiger. Die Persönlichkeit wird in ihrem wertbezogenen Denken und Handeln komplexer, was nichts anderes heißt, als dass die *Entwicklungsphase* eine bedeutende Phase der ICH-Entwicklung ist.

Jane Loevinger (1977) beschreibt Stadien der Ich-Entwicklung, die für unsere Fragestellung nutzbar gemacht werden können. Die Stadien beziehen sich auf verschiedene Aspekte: die Impulskontrolle, die Charakterentwicklung, zwischenmenschliche Beziehungen und Bewusstheit. Sind bei Piaget oder Kohlberg die Stadien altersgebunden, so geht Jane Loevinger davon aus, dass die Stadien zwar an biologische Reifungsprozesse gekoppelt sind, dass sie aber gleichzeitig altersübergreifend sind. Sie benennt sieben Stadien der Ich-Entwickung, die aufeinander aufbauen.

1	vorsozial/ autistisch	Umwelt wird nicht unterschieden in belebt oder unbelebt. Starke Beziehung zur Mutter.
	symbiotisch	Unterscheidung der Mutter von der Umgebung; symbiotische Verbindung mit der Mutter.
2	impulsives Stadium	Kind versichert sich der Unabhängigkeit von der Mutter durch Ausdruck des eigenen Willens. Regeln werden als solche nicht zur Kenntnis genommen. Handlungen sind „schlecht", weil sie bestraft werden. Menschen sind Quellen der Versorgung. Sexuelle und aggressive Triebe werden unkontrolliert ausagiert, ebenso Wut. *(Ab Stadium 2 können sich die Erscheinungsformen durch die ganze Biografie bis ins Alter hinziehen)*
3	opportunistisches Stadium	Es wird anerkannt, dass es Regeln gibt, befolgt werden sie nur, wenn sie mit Vorteilen verbunden sind. Moralisches Bewusstsein orientiert sich am Nutzen. Zwischenmenschliche Beziehungen basieren auf Manipulation und Ausnutzung. Themen sind: Kontrolle, Vorteil, Überlegenheit, Betrug, Besser-weg-Kommen, Schamlosigkeit.
4	konformistisches Stadium	Die Regeln werden teilweise internalisiert. Man folgt ihnen, weil es Regeln sind. Die wichtigste Reaktion auf Regelverletzung ist Scham. Zwischenmenschliche Beziehungen werden als äußeres Handlungsgeschehen wahrgenommen und weniger als Ausdruck von Gefühlen und Motiven begriffen. Streben nach Ansehen und Status. Unfähigkeit zur Selbstkritik. Neigung zur moralischen Entrüstung.
5	gewissensorientiertes Stadium	Auftreten von Introspektion und Selbstbewusstsein. Die inneren moralischen Imperative gewinnen an Vorrang vor den externen Regeln. Die Reaktion auf Regelverletzung ist ein Schuldgefühl. Zwischenmenschliche Beziehungen werden eher als Ausdruck von Gefühlen und Charakterzügen denn als äußeres Handlungsgeschehen begriffen. Sie werden lebhafter, intensiver und bedeutungsvoller. Themen: Verpflichtungen, Ideale, Charakter, Leistungsstreben. Sie vollziehen sich nach inneren Standards und nicht regelrecht nach äußeren Vorgaben. Fähigkeit zur Selbstkritik. Neigung zur moralischen Entrüstung.
6	autonomes Stadium	Moralische Probleme entstehen nun aus inneren Konflikten heraus. Widersprüche zwischen Pflichten und Bedürfnissen. Diese Konflikte gibt es auch in den früheren Phasen, doch erst jetzt werden sie bewusst angegangen.

		Fähigkeit, innere Widersprüche auszutragen. Damit erhöht sich auch die Toleranz für andere Menschen. Verständnis statt moralische Entrüstung. Zwischenmenschliche Beziehungen sind intensiv; Wahrnehmung der gegenseitigen Abhängigkeit. Anerkennung der Autonomie anderer. Ansatz: jeder darf seinen Weg gehen, darf seine eigenen Fehler machen. Themen: Rollendifferenzierung, Individualität und Selbstverwirklichung.
7	integriertes Stadium	bloße Toleranz verwandelt sich in Hochschätzung von individuellen Unterschieden. Versöhnung ambivalenter Ansprüche. Das Unerreichbare wird nicht mehr angestrebt. Gefühl einer integrierten Identität. Man übernimmt Verantwortung nicht nur für seine Motive, sondern auch für sein Handeln.

Dieses Stufenmodell signalisiert, ähnlich wie auch die Stufenmodelle von Piaget und Kohlberg und Maslow, eine Hierarchie der Entwicklungsprozesse. Die sozialphilosophische und psychologische Annahme ist, dass spätere Stufen angemessener und der Entwicklung des Ichs und der Kultur dienlicher sind. Daraus entsteht ein ähnliches Problem wie bei der Maslowschen Bedürfnispyramide, nämlich die Unterscheidung zwischen philosophischen Grundannahmen und praktischem Lebensvollzug. Menschliches Tun vollzieht sich nicht eindeutig in einer Stufenfolge, sondern es gibt parallele Verläufe. Eine Person kann sich z.B. beruflich autonom zeigen und gleichzeitig in der Partnerschaft abhängig.

Für unsere Fragestellung bilden die Stufen ein problembezogenes Analyseinstrumentarium in Bezug auf die einzelnen Stufen im Rahmen von Entwicklung. Die Stufenfolge von Jane Loevinger hilft nicht nur, Gefühlslagen, Urteile, Wertungen und Handlungen zu verstehen, sondern wir können mit ihrer Hilfe begründete Hypothesen aufstellen, in welcher Phase sich ein Entwicklungsprozess befindet.

Rekapitulieren wir die Prozesse der Ich-Entwicklung von Christiane F. (Hermann/Rieck 1988), so lässt sich ihrer Autobiografie Folgendes entnehmen:

Christiane F. geht sehr impulsiv mit ihrer Umwelt um, insbesondere mit ihrer Familie und den Lehrern. Sie zeigt sich aggressiv, ruppig und beleidigend. Sie verletzt sämtliche Regeln des Umgangs, zeigt Wutanfälle und belügt ihre Mutter. In ihrer Klicke findet sie Zugehörigkeit und Christiane passt sich an; jeder nutzt sozusagen dem anderen, man ist eine vermeintlich emotionale Überlebensgemeinschaft, nimmt aber nicht wirklich Rücksicht auf den anderen. Detlef zieht, weil es für ihn opportun ist, mit einem Freier zusammen, was Christiane sehr verletzt.

Allmählich lässt sich Christiane auf andere Regeln ein, beispielsweise als die Mutter auf Entzug drängt. Christiane hält die Regeln kurze Zeit ein, um sie dann zu durchbrechen. Es bilden sich Ansätze des konformistischen Stadiums heraus. Christiane erlebt plötzlich Scham, als sie den selbstgewählten Entzug in der Heilanstallt nicht schafft und wieder im alten Sumpf landet. Sie empfindet sich als „*den letzten Dreck*". Noch in der Wendephase festigt sich ihr Gewissen. Ihre alte Klicke kann sie nun klarer beurteilen.

„Das Nachdenken fing noch ganz harmlos an. Ich dachte: Das ist doch echt Scheiße. Erst linkt dich dein einziger Freund ab und dann deine beste Freundin. Es gibt eben überhaupt keine Freundschaft unter Fixern. Du bist total allein. Du bist immer allein. Alles andere ist Einbildung. Der ganze Terror um einen Druck an diesem Nachmittag ... Jeden Tag dieser Terror. Ich hatte einen lichten Moment ... Ich dachte also weiter nach ..." (285)

In der Entwicklungsphase vollzieht sich Wesentliches in der Ich-Entwicklung von Christiane. Sie lässt sich nicht nur auf Beziehungen ein, die außerhalb ihrer alten Klicke liegen, sondern entwickelt Einsehen und benutzt ihren Verstand, um nicht im nächsten Moment wieder die Flucht zu ergreifen. Sie beobachtet kritisch ihre Umwelt, vor allem die abhängigen Beziehungen der Mädchen zu den Jungen. Sie kann es zulassen, dass ihre Entrüstung auch ihr selbst gilt, dass das, was sie sieht, wie ein Spiegel ist: *„Ich hatte auch irgendwie mein Ich aufgegeben, um nur noch Fixer-Braut zu sein."* (316). Christiane entwickelt sich weiter in Richtung Autonomie und kann allmählich mit Widersprüchen und Ambivalenzen umgehen:

„Ich war trotzdem mittlerweile entschlossen, mit der Welt, so wie sie war, zurechtzukommen. Mir war klar, dass Abhauen wieder Flucht in die Drogen war. Und ich machte mir immer wieder deutlich, dass mir das nun erst recht nichts gebracht hatte. Ich dachte, es müsse irgendeinen Mittelweg geben. Sich nicht total an diese beschissene Gesellschaft anpassen und mit ihr doch fertig zu werden." (317)

In der *Entwicklungsphase* kann sie eine Beziehung mit einem Gymnasiasten eingehen, der ihr durch sein Denken und Tun neue Impulse gibt. Das Buch von Erich Fromm „Die Kunst des Liebens" wird ihr „zur Bibel". Und sie kann die Trennung von dem Jungen durchstehen, ohne auszuflippen. Sie trifft mit Leuten zusammen, die leichte Drogen nehmen, ohne sich in die Szene wirklich einzulassen. Christiane entwickelt Souveränität und eine innere Festigkeit, die Voraussetzung für die *neue Entwicklungsstufe* sind.

In der Entwicklungsphase geht es um das Erringen von Nachhaltigkeit. Konkret: Es geht darum, Kompetenzen für die neue Entwicklungsstufe zu festigen, das Selbst zu stabilisieren und eine gelingende Balance zwischen Person und Umwelt herzustellen. Die Entwicklungsphase ist nicht nur arbeitsintensiv, sondern auch zeitaufwändig. Moderne Ansätze der Kurzzeittherapie, der Aufstellungsarbeit, oder Kurzzeitberatung, mögen viele wichtige Impulse geben können, aber die Begleitung in schwierigen Prozessen des Lebens können sie wohl nicht gänzlich ersetzen. Wichtig ist es deshalb darüber hinaus, Hilfeprozesse zu organisieren, die im Rahmen eines Netzwerks Nachhaltigkeit sichern helfen.

Halten wir also fest: In der Entwicklungsphase müssen Perspektiven und ein Wille, das Neue einzugehen, entwickelt werden, ebenso Frustrationstoleranz und Bedürfnisaufschub. Vor allem auch braucht es eine Ich-Entwicklung im Sinne einer offenen Wahrnehmung, Bewusstheit und eines Gewissens, so dass nach inneren Standards gehandelt werden kann. Genau diese Faktoren sind es, die sich von der *Up-and-Down-Phase* unterscheiden lassen. Gleichzeitig erschweren die immer wieder auftretenden Rückfälle die Einschätzung dahingehend, ob eine betroffene Person bereits in der *Entwicklungsphase* ist. Deswegen soll an dieser Stelle durch weitere Beispiele der Blick für die Merkmale der *Entwicklungsphase* gestärkt werden.

Erinnern wir uns an Moira, die mit ihrer Anorexie kämpft. Sie zeigt impulsive und opportunistische Reaktionen; sie lässt ihrer körperlichen Kontrollwut breiten Raum, lügt und trickst ihre Umwelt und sich selbst aus. In der *Up-and-Down-Phase* zeigt sie konformistische Tendenzen. Ähnlich wie Christane F. hält sie kurze Zeit auferlegte Regeln ein, um sie dann schnell wieder zu durchbrechen, bis sie merkt, dass es so nicht mehr weitergeht. In der Entwicklungsphase meldet sich mehr und mehr ihr Gewissen. Wenn die Lust auf Anorexie hervorkriecht, fühlt sie sich plötzlich wertlos und nutzlos, und dieses Gefühl hilft ihr, immer wieder Stand zu halten, auch wenn das nicht durchgehend gelingt. Sie wird fähig zur Selbstkritik und entwickelt allmählich autonome Züge: *„Ich werde nicht flüchten, sondern kämpfen. Ich werde ihnen zeigen, dass ich zunehmen kann, gesund werden kann."* (122).

> Die 18jährige Andrea Rohloff (2003), die der türkische Zoll beim Heroinschmuggeln erwischt, schwankt in der *Up-and-Down-Phase* zwischen opportunistischem und gewissensorientiertem Verhalten: *„In mir tobte der Zweikampf"* (70). Sie schwänzt die Schule, verletzt Grenzen und Regeln, und ihr Schamgefühl kriecht kurzzeitig hervor. Die erste Zeit nimmt sie Jenny auch in Schutz, die Frage von Schuld kommt nicht wirklich auf. Sie nimmt an, dass auch Jenny nichts von der Heroinsache gewusst hat, *„das hätte sie mir niemals angetan"* (18).
>
> Die türkischen Frauengefängnisse, die sie erlebt, basieren auf Selbstorganisation der Gefangenen. Andrea entwickelt schnell konformistisches Verhalten, um sich einzufügen. Sie fühlt sich klein, hilflos und ängstlich. Allmählich bildet sich die Scham heraus, und es vollzieht sich der Weg einer Ich-Entwicklung: *„Niemals kann ich Mama und Papa wieder unter die Augen treten. Wie soll ich ihnen das alles erklären?"* (31) Das schlechte Gewissen steigert sich, als sie mitbekommt, wie finanziell aufwändig nun die Angelegenheit für ihre Eltern werden wird, wenn sie Andrea im türkischen Gefängnis besuchen wollen. Ihre Geschichte wird in den deutschen Medien verbreitet, ihr Bild wird veröffentlicht, und Andrea möchte am liebsten *„im Boden versinken"* und weiter: *„Ich habe eine besondere Familie, eine besonders glückliche denke ich. Wieso ist mir das früher nur nie aufgefallen? Warum habe ich dieses Glück zerstört?"* (64, 66). Sie entwickelt Schuldgefühle. Auch delegiert sie nicht alles an Jenny, sondern sieht ihren Anteil: *„ ... ich habe*

mich doch freiwillig entschieden mitzukommen" (84). Allmählich kann sie die kriminelle Absicht von Jenny und ihrer Bande vor sich zulassen und auch, dass Jenny ihr etwas vorgemacht hat.

Der türkische Anwalt, der sich sehr um sie kümmert, und ihre Eltern, die das ihnen Mögliche für Andrea tun, geben ihr Kraft und Durchhaltevermögen. Als die Mutter sie besucht, kommen wieder Schuldgefühle: *„Mama sieht schlecht aus. Sie hat dunkle Ringe unter den Augen ... Das ist meine Schuld"* (100). Andrea kann die Menschen um sich herum trotz ihrer eigenen Misere nun klarer wahrnehmen; sie kann sich in Bezug setzen und bleibt nicht selbst gefangen. Nach 15monatigem Aufenthalt in türkischen Gefängnissen wird sie nach Deutschland ausgeliefert. Im Berliner Gefängnis meldet sie sich freiwillig für eine Beschäftigung. Zu dem dortigen Sozialarbeiter findet sie Kontakt: *„Ich mag ihn sehr, weil ich nach Gesprächen mit ihm immer das Gefühl habe, dass es mir besser gehe"* (291). Sie ist vernünftigen Argumenten gegenüber aufgeschlossen: *„Ich habe mich entschlossen, dass ich die Schule besuchen will, die meine Eltern für mich ausgesucht haben ... Das ist zwar nicht meine Traumausbildung, doch mir ist klar geworden, dass ich dringend etwas für meine Zukunft tun muss"* (291). Hier deutet sich das autonome Stadium an. Andrea kann nun zwischen ihren Wünschen und realen Bedingungen Kompromisse eingehen und kann sich auch nach außen abgrenzen. Obwohl die Eltern, die zwischenzeitlich umgezogen sind, hoffen, dass sie in die Familie zurückkehrt, sieht Andrea das anders: *„Ich erwische mich manchmal dabei, dass ich „Zuhause" sage und das Gefängnis meine. Das tut mir leid für Mama und Papa, die so dafür gekämpft haben, dass wir endlich wieder zusammen sein können. Trotzdem kann mein Zimmer in der neuen Wohnung nicht mein Zuhause sein, sondern nur ein neuer Raum, in dem ich ein paar meiner Sachen verteile und von dem ich noch nicht weiß, ob ich jemals richtig in ihm ankommen werde"* (297). Andrea zeigt sich zuversichtlich: *„Ja, diesmal werde ich es schaffen, den Schritt in mein eigenes Leben. Nicht schnell und voreilig, sondern ganz langsam und vorsichtig"* (310).

Für Moira wie auch für Christiane F. und Andrea liegt die zunehmende autonome Entwicklung auch im altersgemäßen Spektrum der kognitiven Reifung und Moralentwicklung, so, wie es Kohlberg aufgezeigt hat. Konkret bedeutet dies, dass bestimmte moralische Stufen entsprechende kognitive Operationen voraussetzten, die sich nach Piaget allmählich bis in die Adoleszenz hinein herausbilden. Vor diesem Hintergrund wird die hohe Gefährdung junger Menschen deutlich, die trotz belastender Umweltbedingungen und trotz ihrer eigenen noch im Wachstum befindlichen kognitiven Reifungsgeschichte ihre Lebenssituation bewältigen sollen.

Jane Loevinger geht davon aus, dass die Charakterentwicklung letztlich nicht altersgebunden ist und dass sich die verschiedenen Stufen auch bei Erwachsenen repräsentieren. Entwicklungen bei Erwachsenen zeigen sich dann nicht nur von ihrer existenziellen Seite, sondern auch von der Seite der moralischen Entwicklung. Dazu gehören die kritische Selbstreflexion und die Frage nach dem Lebenssinn. Was damit genau gemeint ist, lässt sich am Beispiel der Autobiografie von Piet C. Kuiper (2002) herausarbeiten.

Piet Kuiper lebt das Leben eines angesehenen Wissenschaftlers. Sein verdichtetes Schamgefühl, das er durch seine Kindheit entwickelt hat, lässt sich als ein Motor für sein Streben nach Anerkennung und Ansehen deuten. Sein Tun drückt sich eher im Sinne eines opportunistischen Verhaltens aus, das letztlich auf den eigenen Nutzen ausgerichtet ist. Das Lebenswerk, das er schreiben möchte, sollte ihn in den Olymp der Großen und Berühmten befördern. In seinen Wahnvorstellungen fällt er zurück auf die symbiotische Stufe mit seiner Mutter, deren strenge Moralvorstellungen wie eine „Axt" auf ihn einschlagen. Es folgen Momente hoher Impulsivität. Seine Panikzustände machen ihn zeitweise aggressiv und bedrohlich für sich und andere. In seinem peinvollen Weg schält sich dann das gewissensorientierte Stadium heraus. Seine Selbstvorwürfe im Laufe der Krankheit zielen auf sein narzisstisches, selbstgefälliges und auf den persönlichen Vorteil bedachtes Wesen, d.h. er rügt seinen opportunistischen Charakter: „*Ich fühlte mich schuldig, gottlos, verworfen, ich fand, dass ich ein liederliches Leben geführt hatte, und quälte mich mit dem Gedanken, dass ich andere für mich selbst geopfert hatte ... Ich war überzeugt, dass es für mich keine Vergebung gab*" (91). Sein Buch, das er zu schreiben beabsichtigt, sieht er als „*Ausdruck geistigen Hochmuts*". Er entwickelt Selbstkritik und Schuldgefühle und schreibt nun ein Buch mit einer anderen Intention, das Buch seiner Wahnwelt.

Das psychiatrische Zentrum, in dem er letztlich den Heilungsprozess vollziehen kann, stellt sich als ein humanes und liberales System dar, in dem die Patienten würdevoll behandelt und ernst genommen werden. Durch einen auf das jesuanische Liebesprinzip setzenden Pfarrer kann Kuiper seine strengen religiösen Anschauungen überprüfen. Im Laufe des Genesungsprozesses, der regressive Stadien beinhaltet, ist er in der Lage, auch fachlich-medizinische Selbstkritik zu üben und den ihn behandelnden Arzt ausgerechnet durch die gewählte Therapieform zu würdigen, die er selbst früher fachlich abgelehnt hatte. Langsam entwickelt er wieder den Blick des Psychiaters, „*aber mit viel größerer emotionaler Anteilnahme als früher*" (189). Am Ende seines Buches findet sich auch ein Hinweis darauf, dass er im Zuge der neuen Entwicklungsstufe das gewissenorientierte Stadium überwindet: „*.... die ganze Problematik von „richtig oder nicht richtig gehandelt zu haben" gleitet von mir ab wie eine Jacke, die man mir lose umgehängt hat*" (256).

Auch Johannes Roth (2002) durchläuft einen Prozess kritischer Selbstreflexion. Nach 10monatiger Krankheitserfahrung mit seiner Frau Anna beginnt er über sich nachzudenken, über seinen beruflichen Ehrgeiz, darüber, dass er sich nur mit seinen Dingen beschäftigt hat und sich an der Familienarbeit nicht wirklich beteiligte, dass die Familie und die Beziehung wohl doch nicht so heil gewesen sind.

Bei den genannten Beispielen zeigt sich die Bedeutung der Entwicklung des Scham- und Schuldgefühls, durch das die betroffenen Personen allmählich mehr Autonomie im Urteilen entwickeln können und das ihnen hilft, sich aus ihrer Problematik heraus zu entwickeln. Dies korrespondiert mit dem Ansatz von Sigmund Freud (2004), in dem er darauf hinweist, dass das Schuldgefühl ein zentrales Phänomen der Kulturentwicklung sei.

Im Werk von Piaget und Kohlberg (1996) steht die moralische Urteilsfähigkeit des Individuums im Zentrum. Mit dem Begriff des „Gerechtigkeitsgefühls" bezeichnet Piaget die Fähigkeit auszugleichen und gleichwertige Beziehungen einzugehen. Es handelt sich um die Fähigkeit, Bedürfnisse und Gefühle anderer Menschen zu berücksichtigen (vgl. Eckensberger 1998, 479 ff.). Jane Loevinger (1977) ordnet diese Fähigkeit dem autonomen Stadium zu. Kohlberg (1996, 92) betont, dass die Krisen und Wendepunkte in der Identität des Erwachsenen oft moralischer Natur seien. Dies bestätigten laut Kohlberg Autobiografien von Berühmtheiten, angefangen von Paulus bis Tolstoi. Kohlberg stützt sich auf Erikson, wenn er davon ausgeht, dass Menschen mit Identitätskrisen über die Regression (Rückkehr) zu neuen Wertorientierungen kommen können. Wichtig ist dabei, dass sich die Menschen durch ihren Willen selbst verpflichten, sich bewusst an der neuen moralischen Stufe zu orientieren (Kohlberg 1996, 97, 99).

Möglicherweise mögen Begriffe wie „moralische Entwicklung" oder „Charakter" antiquiert erscheinen und müssen in eine neue Begrifflichkeit überführt werden. Deutlich ist aber, dass die Entwicklungsphase eine Phase der Ich-Entwicklung ist, in der das Werthafte und Humane eine zentrale Rolle spielen. Eine Person muss sich in dieser Phase innerlich und äußerlich neu verorten im Sinne des Sich-in-Beziehung-Setzens und zwar mit sich und mit anderen. Systemisch ausgedrückt: Es müssen neue Passungen zwischen Person und Umwelt gefunden werden wie auch innerhalb des Persönlichkeitssystems, die mehr Humanität zu verarbeiten vermögen.

8. Die neue Entwicklungsstufe

Die verwendeten Autobiografien enden in der Regel mit der Bewältigung der Phase der Entwicklungsarbeit. Mit dem Gefühl, es geschafft zu haben, blicken die Betroffenen erleichtert auf die neue Entwicklungsstufe. Was dort weiter passiert, bleibt für den Leser mehr oder weniger offen.

> Johannes Roth (2000) äußert über seine neue Entwicklungsstufe Folgendes: *„Ich habe viel gelernt in diesen zwei Jahren, ich bin stärker geworden, ich denke, ich werde es schaffen. Vor allem spüre ich, wieviel ich von Anna gelernt habe.* (150)
> Im Februar 1997 arbeitet er das Tagebuch zu einem Manuskript um, dabei erlebt er Vieles noch einmal intensiv nach. Die Arbeit in der Schule funktioniert wieder. Seine Veröffentlichung ist erfolgreich und kommt bereits im April 1997 in die dritte Auflage. Die Therapie setzt er fort, um noch weiter an seiner „narzisstischen" Persönlichkeitsstruktur, wie er schreibt, zu arbeiten. Er ist neugierig darauf, sich und sein Leben neu zu gestalten.

Die neue Entwicklungsstufe stellt auf der psychischen Ebene einen Komplexitätszuwachs und damit einhergehend eine Ausdifferenzierung im Fühlen, Denken, Urteilen und Handeln dar. Damit einher gehen eine neue Ausbalancierung zwischen Person und Umwelt und ein neues Plateau des Gleichgewichts.

Aus der Perspektive der System- und Evolutionstheorien zeigt die neue Entwicklungsstufe emergente Merkmale, d.h. sie verfügt über neue Elemente, die zuvor in dieser Form nicht gegeben waren. Gemeint sind insbesondere neue Denk-, Gefühls- und Handlungsweisen wie auch neue Elemente im Rahmen der strukturellen Koppelung mit anderen Systemen. Der Begriff der Emergenz[1] ist auf Entwicklung bezogen und bedeutet eine neue Seinsstufe, die aus einer weniger komplexen hervortritt. Der Begriff lässt sich auf das lateinische Verb „emergo" zurückführen, was soviel bedeutet wie „auftauchen" oder „sich herausarbeiten". Die gleiche Bedeutung hat im Englischen „to emerge" (auftauchen, sichtbar werden, hervortreten).

Emergenz bezeichnet eine neue Systemqualität, die eine höhere Komplexität aufweist und die das Ergebnis eines Transformationsprozesses ist. Die Systemordnung auf der neuen Stufe zeigt sozusagen ein neues Arrangement und damit einhergehend eine neue Stabilität.

---

[1] Zum Begriff der Emergenz gibt es unterschiedliche Konzepte. Siehe u.a. Stephan 2005 und Wägenbaur 2000.

Emergenz lässt sich weder zielgerichtet herstellen, noch spezifisch vorhersagen. Sie vollzieht sich vor dem Hintergrund von Prozessen der Selbstorganisation von Systemen im Austausch mit ihrer Umwelt.

Auch die neue Stufe ist lediglich ein Übergangsstadium, das verschiedene Etappen beinhaltet. Zunächst geht es darum, sich auf der neuen Stufe zu etablieren und eine gewisse Stabilität und Routine zu gewinnen. Neue Herausforderungen sind zu bewältigen, neue Störungen treten auf, aber auch neue Lebensoptionen. Jede neue Entwicklungsstufe hat bereits inhärente Bedeutungsstrukturen, die förderlich wie hinderlich für den Einzelnen sein können. Wer sich beispielsweise mehr in Richtung Autonomie entwickelt, wird damit einhergehende Herausforderungen bewältigen müssen, wie beispielsweise sich abgrenzen und durchsetzen können. Für den Einzelnen bedeutet die neue Stufe, zu seiner Umwelt eine neue Zuordnung zu finden. Diese wird in der Entwicklungsphase vorbereitet und muss sich dann allmählich etablieren. Konfrontationen und Zumutungen für die Umwelt gehen damit einher. Wenn Moira ihr Essverhalten und Schönheitsideal verändert, wenn sie Disziplin übt und an Fragen des sinnhaften Lebens arbeitet, dann muss sich ihre Familie darauf einstellen, wenn sie unterstützend sein will. Alte, hinderliche Verhaltensmuster treten in der neuen Stufe zugunsten von neuen zurück. Und trotz aller Veränderung setzen sich im neuen Arrangement durchaus alte, unbewältigte Probleme fort, möglicherweise in einem neuen Gesicht.

Die neue Entwicklungsstufe hält somit nicht nur die Möglichkeit einer besseren Lebensbewältigung bereit, sondern es sind neue Aufgaben und Anforderungen zu meistern; möglicherweise muss mehr Verantwortung übernommen werden. Bei alldem sind alte, nicht bearbeitete Probleme nach wie vor präsent.

Das Einleben in die neue Stufe mündet in Routinen der Lebensbewältigung, die sich wiederum dämpfend auf die Wahrnehmung auswirken können, mit der Folge, dass auf neue Umweltanforderungen zunächst mit den etablierten Handlungs- und Bewältigungsmustern reagiert wird, die jedoch irgendwann nicht mehr passen. Der Kreis schließt sich, die *Up-and-Down-Phase* beginnt aufs Neue, und wieder stellt sich die Frage nach Wahrnehmung, Selbstreflexion, Entwicklungs- und Lernoffenheit und nach der Bewältigung der neuen Anforderungen durch Entwicklungsarbeit.

9. Entwicklungsprozesse professionell unterstützen

In diesem Kapitel geht es darum, relevante Überlegungen für das professionelle Unterstützen anzustellen. Ziel ist es, eine zusammenfassende Synopse des bisher Entwickelten zu geben und diese an geeigneten Stellen zu vertiefen.

Warum ist Prozesskompetenz wichtig?

Aus der Sicht der Adressaten sind Fachkräfte mit Prozesskompetenz wichtig, um

- in ihren Bedürfnissen unterstützt zu werden,
- ihren persönlichen Entwicklungsweg gehen zu können,
- in zentralen Phasen der Entwicklung trotz möglicher Brüche und Rückfälle zureichend Hilfe und Respekt zu erhalten,
- in bestimmten Phasen weder über- noch unterfordert zu werden,
- auf die Entwicklungsarbeit, die bevorsteht, vorbereitet zu werden.

Aus der Sicht des Professionellen ist Prozesskompetenz wichtig, um

- Sicherheit im Umgang mit Prozessdynamiken zu erwirken,
- die professionelle Wahrnehmung in Bezug auf die einzelnen Phasen zu schärfen und zu differenzieren,
- die Bedeutung von Entwicklungsdynamiken in bestimmten Phasen des Hilfeprozesses zu erkennen und sich darauf handelnd einstellen zu können,
- handlungsfähig zu sein und zu bleiben und sein Handeln begründen zu können,
- die Art der Intervention und den damit einhergehenden Ressourcen reflektieren und begründen zu können,
- sich gegen Verstrickungen, Enttäuschungen und Überforderungen wappnen zu können,
- professionelle Gelassenheit einerseits und helfendes Engagement andererseits in eine für den Adressaten und den Hilfeprozess brauchbare Passung zu bringen,

- nicht in systemische Banalitätsfallen zu tappen: z.B. „alles ist kontingent", „es kann so oder anders verlaufen", „das Problem ist sehr komplex", „das System funktioniert nach seinen inneren Logiken"...

- nicht alles gleich als „gut" oder „schlecht" zu bewerten, sondern um Lebens- und Entwicklungsprozesse zu verstehen und konstruktiv zu begleiten.

Entwicklung und ihre Phasen

Entwicklungsprozesse lassen sich in vier typische Phasenverläufe einteilen:

1. Up- and-Down-Phase
2. Verdichtungs- und Wendephase
3. Entwicklungsphase
4. Die neue Entwicklungsstufe

Entwicklungsprozesse sind Prozesse, in denen sich ein Komplexitätsaufbau im Fühlen, Denken, Bewusstwerden, Wahrnehmen, im Urteilen und Handeln vollzieht. Parallel dazu vollzieht sich in der Regel ein Komplexitätszuwachs in der Interaktion Person-Umwelt. Im Rahmen von Entwicklung vollzieht sich die Entfaltung des Selbst und eine fortschreitende Identitätsbildung sowie eine Verbesserung der Passung zwischen Person und Umwelt. Entwicklungen unterliegen in ihrer Bewertung kulturellen Deutungsprozessen, die stark divergieren können. Was in dem einen Kulturkreis als Entwicklung im Sinne menschlicher Entfaltung verstanden wird, gilt in dem anderen als ein Affront gegen herrschende Sitten und Gebräuche. Aus einer westlichen Perspektive steht die psycho-soziale Entwicklung im Kontext aufgeklärten Denkens, das mit Prinzipien der Menschenwürde, Freiheit und Gerechtigkeit einhergeht.

Eine Entwicklung kann unfreiwillig verlaufen, wenn sie für eine Person unvorbereitet kommt oder wenn sie gar nicht gewollt ist. Entwicklungen zeigen sich zuweilen strapaziös und arbeitsaufwändig; akzeptiert man aber den Prozess, können sich neue Perspektiven entfalten.

In allen Phasen eines Entwicklungsprozesses vollziehen sich mehr oder weniger Ambivalenzen, Turbulenzen und Brüche. Rückfälle in das Gewohnte und in bekannte Muster sind eher die Regel als die Ausnahme. In allen vier Phasen sind lineare Verläufe untypisch. Ordnung und Chaos bedingen sich gegenseitig und sind Motor für Entwicklungsprozesse. Ordnung und Chaos können unterschiedlich lokalisiert sein. Vorwärtsschritte können chaotische Prozesse durchlaufen, und Rückfälle können Phasen der Stabilisierung beinhalten. Das macht die Prozessanalyse mitunter schwierig.

Betroffene stehen im dichten Erfahrungsbezug ihres bisherigen Lebens und einem noch offenen Erfahrungsbezug, was Gegenwart und Zukunft betrifft. Das kann verunsichern und ängstigen, weil nicht klar ist, worauf man sich einlässt, ob die anstehende und zum Teil mühsame Entwicklungsarbeit lohnt, so dass Chancen des Gelingens auf einer neuen Stufe tatsächlich gegeben sind. Entwicklungen zeigen sich *diskontinuierlich,* und für professionelle "Beobachter" ist es häufig sehr schwer, die Prozesse entsprechend zu deuten.

Für die professionelle Arbeit ist es in jeder Phase wichtig, Angebote zu machen und zum problemlösenden Denken und Handeln zu ermutigen. Das Neue muss erfahrbar gemacht werden, damit sich Menschen langsam in andere Perspektiven und Muster hineinbewegen können. Spiel- und Freizeitgruppen, Selbsthilfegruppen, betreutes Wohnen, Beratung u.a.m. sind Räume, um das Neue erlebbar und erfahrbar zu machen. Das Neue, Andere muss sinnlich erfahrbar und in Beziehungsstrukturen eingebettet sein, erst dann ist ein Sich-Einlassen und Entwickeln möglich.

Vor allem die Bedeutung von Beziehungsstrukturen hat sich in allen Fällen, die untersucht wurden, als grundlegend erwiesen. Die Beziehungsarbeit in der professionellen Arbeit ist von daher basal, und zu ihr gehört es, Brüchigkeiten auf dem Weg mitzutragen, zu intervenieren, die Wahrnehmung zu sensibilisieren und immer wieder die Vision kommunikativ und durch sinnlich erlebbare Angebote zu bestärken.

Neurobiologische Erkenntnisse zeigen, dass Wahrnehmen, Denken, Verstehen und Urteilen nicht ohne Emotionen möglich sind. Wer nicht fühlt, und dazu gehören sinnliches Erleben und Beziehungen, kann auch nicht vernünftig entscheiden und handeln (vgl. Roth 1997, 178). Und je mehr es gelingt, Gefühle zu thematisieren, z.B. Gefühle der Scham, der Schuld, des Benachteiligtseins, der Angst, um so besser lässt sich Bewusstheit über das eigene Leben aufbauen. Entwicklung setzt Bewusstheit und Erfahrung voraus und damit einhergehend eine Offenheit der Wahrnehmung nach außen und sich selbst gegenüber. Der Aufbau von Bewusstheit geht einher mit einem wiederkehrenden Kampf zwischen dem Alten und dem Neuen, so lange, bis eine tragbare Integration erfolgt ist.

Grundsätzlich haben Systeme die Tendenz, in den bekannten Mustern zu bleiben, solange damit der Alltag einigermaßen bewältigt werden kann. Wenn für die einzelne Person deutlich wird, dass eine Entwicklung ansteht, setzten die neu zu entwickelnden Muster und Perspektiven nicht nur einen Willen und Disziplin voraus, sondern beizeiten auch Triebverzicht und den Verzicht auf gewohnte schnelle Ersatzbefriedigungen. Dies ist nicht immer durchzuhalten und braucht manchmal einen langen Atem und Übung.

Destruktives Bewältigungsverhalten ist an die Befriedigung grundlegender Bedürfnisse gebunden. Diese herauszufinden und sich als Professionelle/r nicht blenden zu lassen von den problematischen Formen der Ersatzbefriedigung ist eine wichtige Aufgabe. Auch geht es nicht immer darum, die Bedürfnisse zu verändern, sondern darum, die grundlegenden Bedürfnisse wahrzunehmen und herauszuarbeiten und zu ihrer Befriedigung adäquate Wege und Formen finden zu helfen.

Die Up-and-Down-Phase

Die *Up-and-Down-Phase* kann lange währen, systemisch argumentiert: Sie kann dauern, so lange das Leben in der gewohnten Form irgendwie funktioniert. Menschen richten sich in so genannte "Nischen" ein, die sich von außen gesehen häufig problematisch zeigen, die aber ein psychisches und physisches „Überleben" ermöglichen. Wenn eine Zuspitzung der Probleme und Konflikte erfolgt, insbesondere durch psychische und körperliche Krisen, besagt das noch nicht, dass eine Wendephase tatsächlich eintritt; möglicherweise kann sich das Persönlichkeitssystem stabilisieren, um dann in seiner Nische weiter zu verharren.

Insgesamt kennzeichnet sich die Phase durch eine eingeschränkte Wahrnehmung, durch Formen der gestörten Kommunikation, durch Blockaden und gegebenenfalls durch eine Eskalation der Probleme.

Professionelle Hilfe in dieser Phase erfolgt besonders auch im Bereich der niedrigschwelligen und präventiven Angebote zur Stärkung der Wahrnehmung von Lebensalternativen. Niedrigschwellige Angebote wie Straßensozialarbeit, Schlafplätze für Obdachlose oder Spritzen für Suchtabhängige signalisieren: Achtet auf euch! Wir achten auf euch! Niedrigschwellige Angebote sind auch eine gesellschaftliche Botschaft für das Leben. Die Sensibilisierung der Wahrnehmung nach innen und außen kann vor allem auch durch ästhetische Projekte gestärkt werden, z.B. im Rahmen spiel- und erlebnispädagogischer wie auch theaterpädagogischer Arbeit oder der bildenden Kunst. Gerade diese Zugänge fördern die Selbstkompetenz, die für Entwicklungsprozesse gebraucht wird. Sie erlauben Zugangsweisen, durch die sich das Individuum mit Mitteln der Kunst zu sich und zur Welt verhalten kann und in einem geschützten Rahmen experimentieren und sich öffnen kann (vgl. Miller 2006).

Auf Seite der Professionellen geht es um den Respekt vor dem Entwicklungsweg und der Entwicklungsgeschwindigkeit einer Person eingedenk ihrer Eigenwilligkeiten und Widerstände. Die Prinzipien des Forderns und Förderns, der Hilfe und Kontrolle, des Motivierens, des in Beziehung Tretens und gleichzeitig des Grenzen Setzens sind aufeinander abzustimmen. Primär geht es in dieser Phase nicht um die großen und schnellen Problemlösungen, sondern um die Anregung von Wahrnehmungsprozessen und das Unterstützen im Wahrnehmen einer Lebensalternative. Es geht darum, brauchbare und realisierbare Visionen und Wünsche zu bestärken, die möglicherweise schon längst beim Betroffenen vorhanden sind. Sie gilt es zu nähren und zu schärfen. In der Praxis werden diese Hilfeversuche von Seiten der Betroffenen nicht selten abgewehrt. HelferInnen werden dann als lästig und unangenehm wahrgenommen und gegebenenfalls nicht ernst genommen. Hier ist dann professioneller Langmut gefordert. Vor diesem Hintergrund ist auch der in der systemischen Arbeit verwendete Begriff des „Widerstands" kritisch zu prüfen. Häufig wird er herangezogen, um das Verweigerungsverhalten des Adressaten zu benennen. Nicht selten gehen damit versteckte Schuldzuschreibungen einher wie etwa, der Hilfebedürftige ist nicht wirklich bereit, sich helfen zu lassen. Widerstände können indes ein Zeichen dafür sein, dass Betroffene (noch) überfordert sind und Ängste[1] haben.

Widerstände sind nicht nur Ausdruck der inneren Struktur und Befindlichkeit eines Persönlichkeitssystems, sondern auch der Beziehungsdynamik und Kultur, in die es eingebunden ist. Teil dieser Beziehungsdynamik ist auch die helfende Person.[2] Die Bedeutung von Widerständen zu erkunden und zu verstehen, gehört zur professionellen Aufgabe.

Die Verdichtungs- und Wendephase

Die *Verdichtungs- und Wendephase* verläuft zeitlich gerafter, und in kurzer Zeit kann viel Einschneidendes passieren, beispielsweise durch Ereignisse, Schicksalsschläge oder dadurch, dass unerwartet Schlüsselpersonen auftauchen und auch zugelassen werden, die viel bewegen können.

Die Verdichtungs- und *Wendephase* kennzeichnet sich teils durch starke Ambivalenzen, Unsicherheiten und Zögern bei den Betroffenen. Wichtig ist hier die Visionsarbeit, das Entwerfen innerer Bilder, die Entfaltung des Bewusstseins und die Ermutigung durch nachhaltige Kommunikationsarbeit. Es gilt herauszuarbeiten, was leicht und was schwer fällt, wo Stärken und wo Schwächen liegen, worauf besonders aufzupassen ist, wo einerseits Ängste liegen und andererseits Ankerpunkte. Die Verführungen des Umfeldes sind in den Blick zu nehmen, ebenso die Zwänge, denen man ausgesetzt ist, und das Nein-Sagen-Können. In dieser Phase ist es wichtig herauszufinden, was eine Person umtreibt, von welchen Bedürfnissen sie gesteuert wird, was ihre Ansichten sind, wonach sie sich sehnt, was sie als richtig erachtet, und was sie tatsächlich will und tut. Bei den Professionellen setzt diese Phase viel hermeneutisches und systemisches Verstehen vor-

---

[1] Welche Bedeutung alte Muster und Leidenschaften für die Ichstabilität haben können und wie bedrohlich deren Aufgabe für eine Person sein kann, schildert beispielsweise Irvin D. Yalom (1989, 25-86) am Fallbeispiel "Thelma".
[2] Kurt Ludewig weist darauf hin, dass seit der Überführung der Familientherapie in die systemische Therapie der Begriff des Widerstandes differenzierter gehandhabt wird und Widerstand nicht nur als Widerstand des Klienten gegen Hilfsangebote zu sehen ist sondern etwas über die Beziehungsebene Therapeut-Klient auszusagen vermag (Ludewig 1997, 108f.).

aus, was bedeutet, eine Person in ihrer Welt und in ihrer Umwelteingebundenheit zu verstehen. Es gilt herauszufinden, in welchen Lebensbezügen die Person steckt, wer welche Erwartungen an sie hat, wer Druck ausübt, im guten wie im schlechten Sinne, was Freude und Lust erzeugt und was warum bedrückend und belastend wirkt. Mit wem kann die Person Nähe leben, von wem lässt sie sich etwas sagen, wodurch treten Widerstände und Distanz auf? Entscheidungssituationen sind durchzudenken, das Abwägen von Kosten und Nutzen einer Veränderung, die Ambivalenzen, Ängste und Hoffnungen.

Die Bewältigungsmuster sind bewusst zu machen und auf ihre Tauglichkeit hin zu prüfen, und neue Muster sind zu entwerfen. All dies gilt es alters- und problemgerecht zu bearbeiten. Wenn die kognitiven Möglichkeiten eingeschränkt sind, ist schwerpunktmäßig auf der Ebene des sinnlich Erlebbaren zu arbeiten. Wichtig sind tragende Beziehungen im Rahmen des Unterstützungssystems.

In dieser Phase gilt es professionelle Klarheit zu bewahren, der Alternative Raum zu verschaffen, zu ermutigen und nach Schlüsselpersonen und Netzwerken Ausschau zu halten, die den neuen Weg unterstützen können. Professionell Helfende können selbst Schlüsselpersonen[3] werden, wenn sie Achtung, Zuwendung, Begegnung und Vertrauen zu den Betroffenen aufbauen können (vgl. Kriz 1998).

In den verwendeten Autobiografien wurde deutlich, dass ein Systemwechsel helfen kann, um sich von den chaotischen Zuständen zu lösen, um neue Muster aufzubauen und um einen Neuanfang zu wagen. Ein Systemwechsel hat Ermöglichungswert, wenn sich Betroffene auf ihn einstellen können und wollen. Interessant bei den Autobiografien ist, dass Einzelne durchaus Ideen für einen Systemwechsel gehabt und auch in schwierigen Situationen ein Gespür für Schutz, Perspektiven und für eigene Lösungen gezeigt haben.

Die Entwicklungsphase

In der *Entwicklungsphase* spielen Reflexivität im Sinne von Wahrnehmung und Bewusstheit eine tragende Rolle, das Erkennen des Selbst wie auch das Erkennen der Bedingungen außerhalb des Selbst. Das Individuum kann sich seinem Leben stellen und sich darüber klar werden, was es zu verändern gilt, was loszulassen ist, welche neuen Aufgaben anstehen und welcher Fähigkeiten und welchen Wissens es dazu bedarf. Das, was in der *Verdichtungs- und Wendephase* eingeleitet wurde, gilt es nun konsequent zu verfolgen. Hürden und Schwierigkeiten gilt es zu meistern, zusammen mit den Menschen, die den neuen Weg unterstützen wie auch hemmen. Es sind die vorhandenen und mobilisierbaren Ressourcen ausfindig zu machen und die jeweils nächsten Schritte, die zu gehen sind.

---

[3] Weiteres hierzu im 11. Kapitel.

Wille und Disziplin spielen eine fundamentale Rolle, die jedoch ohne Sinnperspektiven ins Leere laufen. In der Entwicklungsphase zeigen sich nach wie vor Verlustängste im Rahmen von Loslassen, Trennung und Umorientierung. Rückfälle gehören in dieser Phase mit dazu. Erst allmählich kann das neue Stabilitäts-Plateau aufgebaut werden. Es gilt Sachfragen zu klären, wie beispielsweise Sorgerecht, Umzug, Umschulung. Ebenso sind die emotionalen Belastungen zu bewältigen, ggf. der Verlust vertrauter Menschen und Gewohnheiten, der Abschied von einem Lebenskonzept und von Selbstbildern. Trennungsschmerz und Trauerarbeit gehen einher mit Gefühlen von Wut, Hass, Rache, von Schmerz, Scham, Schuld und Empörung, Melancholie und Niedergeschlagenheit.

Aus der systemischen Perspektive[4] ist es wichtig, im Rahmen der professionellen Hilfe die am Problem Beteiligten mit einzubinden und allen den Entwicklungsweg transparent zu machen, um gemeinsam ein Gefühl und ein Wissen darüber aufzubauen, worauf es jetzt ankommt, was zu beachten, zu vermeiden und zu verändern ist. Entwicklung ist ein gemeinsamer Akt der Bewältigung von Lebenssituationen, auch wenn Einzelne ganz besonders von der Situation betroffen sind.

Am Beispiel eines Alkoholikers, der sich seiner Sucht gestellt hat, wird aus der Betroffenenperspektive nochmals deutlich, wie wichtig es ist, nicht am Einzelnen allein zu arbeiten, sondern das System miteinzubeziehen.[5]

> K. (Abk. frei konstruiert) hat sich für einen Entzug entschieden und arbeitet an seiner Situation. Er ist Mitglied einer Selbsthilfegruppe und macht deutlich, dass er diesen Kontakt zu seiner Stabilisierung braucht. Er besucht die Gruppe jedoch unregelmäßig und zwar im drei-, vier- oder sechswöchigen Turnus. *„... wenn ich meine, ich muss wieder hin, dann gehe ich halt hin, da lege ich mich nicht fest ... ich muss den Bezug noch haben, weil ich glaube, dass es immer wieder mal wichtig ist, dir selbst wieder vor Augen zu führen, wie das war, ja ... Oder du gibst mal einen Tipp, oder du sprichst mal mit denen ..."*
>
> K. macht deutlich, dass er seinem eigenen Rhythmus nachgeht und dass ihm ein achttägiger Turnus einfach widerstrebt. *„Wenn du unmittelbar von einer Therapie kommst, ist es meines Erachtens ganz wichtig, über eine gewisse Zeit diesen Druck auch zu haben. Du hast auch gewisse Vorgaben, die du dann erfüllen mußt, und da finde ich das absolut gut."* Die Frage, ob er Angst vor einem Rückfall hat, verneint K.; gleichzeitig sagt er, dass er einen Rückfall nicht ausschließen könne. *„Dass es passieren kann, das schließe ich nicht aus, nur, es ist halt aus meiner Sicht enorm wichtig, dass man versucht, sich dann nicht selbst vorzuwerfen, ich habe einen Fehler gemacht ... dass man dann auch das Umfeld hat, die dich dann in dem Fall wieder auffangen oder auch womöglich auch die Gruppe oder so, weil das ist ganz, ganz wichtig, dass man zumindest Bezugspunkte hat, ... um für sich selber wie-*

---

[4] Vgl. u.a. Ludewig 1997; Pfeifer-Schaupp 1995; Schlippe/Schweitzer 2002; Stierlin 2001.
[5] Der Fall stammt aus der Diplomarbeit von Rebecca Hampel (2005, 75ff.) und stützt sich auf Interviews.

der eine Stabilität zu finden. Ich meine, ausschließen kann ich das nicht und will ich auch nicht, weil, man kann es nicht ausschließen, das ist einfach so ..." (Hampel 2005, 75f.).

Rebecca Hampel fasst die sozialarbeiterischen Hilfen zusammen, die K. als hilfreich empfunden hat. Im Einzelnen sind es

- die Zusammenführung der Ehepartner;
- die Kurzzeittherapie und die harte Konfrontation mit der Leiterin. K. betont auf seine Person bezogen die Bedeutung der Kurzzeittherapie. Hätte die Therapie länger gedauert, *„dann wäre ich durchgedreht"*;
- die Nachsorge für die ganze Familie, die ganz entscheidend gewesen sei, da die Familie sonst keine Chance gehabt hätte;
- Wichtig sei zudem gewesen, dass die Konzentration der professionellen Beschäftigung nicht auf ihm, dem Alkoholkranken, allein gelegen habe, sondern dass die ganze Familie einbezogen worden sei (Hampel 2005, 76).

Da, wo Menschen innerhalb ihres Lebensverbundes Entwicklungsprozesse vollziehen, sind die betroffenen Personen und Systeme miteinzubinden. Erst darüber kann Nachhaltigkeit geschaffen werden. Dies wird durch neurobiologische Erkenntnisse[6] bestätigt; sie zeigen auf, dass Menschen umso besser lernen und sich entwickeln können, je tragfähiger ihre Beziehungen und Bindungen sind, je mehr Wissen und Erfahrung ihnen zur Verfügung stehen, je mehr sie die Fähigkeit herausgebildet haben, sich distanzieren zu können, und zudem, wenn sie hoffnungsvoll auf die Zukunft blicken können und über Sinnorientierungen verfügen.

Konstruktivistische Zugänge[7], sowohl aus der Philosophie, den Sozialwissenschaften wie auch der neueren Gehirnforschung gehen davon aus, dass der Mensch auf der Basis seines Vorwissens und den angebotenen Informationen sich und seine Umwelt konstruiert. Lernen wird als autopoietischer Vorgang beschrieben, und gelingende Entwicklungen setzen eine Passung des neuen Weges zur Person und deren Vorentwicklung voraus. Die Lösung braucht das innere Einverständnis und kann deshalb nicht von außen vorgegeben werden. So geht es im helfenden Prozess um das gemeinsame Herausfinden dessen, was gewollt wird und was ansteht. Konstruktionen sind anzuregen, zu prüfen, ggf. zu verwerfen, zu bestätigen und weiterzuentwickeln (vgl. Singer 2002, 111ff.) Das schließt nicht aus, dass es in krisenhaften Situationen gegebenenfalls auch stellvertretender Entscheidungen und Handlungen braucht. Die Beherztheit helfen-

---

[6] Vgl. Hüther 2004; Roth 2003; Spitzer 2002.
[7] Vgl. u.a. Glasersfeld 1997; Jensen 1999; Schmidt 1994; Watzlawick 1981.

der Personen wie auch Formen direktiver Intervention können, wenn sie im Einzelfall "passen", manchmal mehr bewirken als ein akribisches Festhalten an theoretischen Positionen der Selbstorganisation und Autopoiesis[8], des Empowerments[9] und der nicht-direktiven Beratung (Rogers 1994). Das stellt die grundsätzliche Bedeutung der genannten Konzepte in Bezug auf professionelles Handeln und die dazugehörigen Grundhaltungen keinesfalls in Frage, sondern verweist lediglich auf ihre Relativierung, wenn situative Entwicklungsprozesse alternative Unterstützungsangebote und Interventionen notwendig machen. Zu Beginn der Entwicklungsphase, wenn also noch mehr Unsicherheiten vorhanden sind und möglicherweise mehr Unterstützungsbedarf vorliegt, braucht es gegebenenfalls andere Interventionen als im fortgeschrittenen Prozess, bei dem sich zunehmend mehr Selbstständigkeit und Unabhängigkeit von professioneller Hilfe entfalten können.

Insgesamt verläuft der Prozess der Entwicklung nicht linear, sondern eher spiralförmig. Fort- und Rückschritte bedingen einander, manchmal muss der Weg wieder ein Stück zurückgegangen werden, um vorwärtsgehen zu können. Auch in der Entwicklungsphase finden wir Muster des Up-and-Down, doch mit dem Unterschied, dass Bewusstheit, Einsicht und Wille ausgeprägter sind.

In der Entwicklungsphase eignen sich Ansätze der Biografiearbeit (vgl. Ruhe 2003; Klingenberger 2003) und der Ressourcenorientierung, um den Lebensweg der Betroffenen klären und stärken zu helfen. Neben Empowermentkonzepten sind vor allem auch Konzepte des Case Management[10] und der Netzwerkarbeit[11] zu nennen, die eine wichtige Stützfunktion für die Adressaten leisten, indem sie neue Beziehungsnetze und Ressourcenzugänge ermöglichen.

Die neue Entwicklungsstufe

Die neue Entwicklungsstufe kennzeichnet sich durch eine neue Architektur des Bewusstseins und der Arrangements im Kontext Person-Umwelt. Das Erreichen der *neuen Entwicklungsstufe* geht im helfenden Prozess häufig einher mit der zumindest partiellen Realisierung des Hilfeplans und den damit verbundenen Zielen. Ist dies geschafft, ist der Moment gekommen, den Adressaten in die Selbstständigkeit zu entlassen oder ihm einen Systemwechsel im Hilfesystem zu ermöglichen, der mehr Selbstständigkeit beinhaltet.

---

[8] Vgl. Fischer 1991; Miller 2001, 60ff.; Kriz 1999, 82ff.
[9] Vgl. Herriger 2002; Miller/Pankofer 2000.
[10] Vgl. Löcherbach u.a. 2002; Wendt 1991.
[11] Vgl. Bullinger/Nowak 1998; Dewe/Wohlfahrt 1991; Laireiter 1993; Mayr-Kleffel 1991; Weber 2001.

Mit Hilfe der Fallgeschichten lässt sich wenig über diese Stufe erfahren. Ebenso dürfte die psychosoziale Praxis hier noch Forschungsbedarf aufweisen, um herauszufinden, wie die Prozesse weitergehen und welcher Hilfebedarf beispielsweise im Rahmen der Nachsorge aufscheint. Dass Nachsorge wichtig ist, zeigen verschiedene Praxisfelder etwa in der Sozialen Arbeit auf. Aber es sind oft die finanziellen Bedingungen, die eine solche unmöglich machen. Aus einer systemischen Entwicklungsperspektive sind Rückfälle auch in der neuen Entwicklungsstufe mitzubedenken, vor allem auch wenn Stresssituationen auftreten. Dadurch aktivieren sich möglicherweise wieder alte Bewältigungsmuster und Ängste, die als überwunden angenommen wurden. Der Notwendigkeit der Nachsorge im Einzelfall wie auch bei bestimmten Problemgruppen ist somit eine wichtige professionelle Fragestellung und Aufgabe.

Phasenwechsel

Der Wechsel zwischen den einzelnen Phasen kann unterschiedlich verlaufen. Renate Mayntz (1988, 28) unterscheidet grundsätzlich zwischen den sich *ad hoc* vollziehenden Übergängen und den *graduellen* Übergängen. Als Beispiel eines sich ad hoc vollziehenden Übergangs wäre der plötzliche Verlust des Arbeitsplatzes, ein Unfall oder der Tod eines Angehörigen zu nennen. Graduelle Übergänge kennzeichnen sich durch schrittweise Prozesse der Anpassung, die ein langsames Umgewöhnen ermöglichen. Beides, so Mayntz, lasse sich nicht immer genau unterscheiden, in der Praxis gibt es Vermischungen.

Nach Mayntz lässt eine gesteigerte Unsicherheit und Bedrohung, wie sie vor allem durch plötzliche Übergänge auftreten, das menschliche Handeln affektbestimmter und opportunistischer werden. Möglicherweise, so die Autorin, ist deshalb die zukünftige Entwicklung mehr von zufälligen Ereignissen abhängig und von außen stärker gestaltbar (Mayntz 1988, 28f.). Bezogen auf die psychosoziale Praxis kann sich hier ein Raum für professionelle Interventionen öffnen, um das drohende Chaos zu mildern. Allgemein lässt sich folgern, dass Entwicklungsprozesse, die mit einem hohen Reflexionsvermögen und mit Lernfähigkeit einhergehen und die unterstützend durch die Umwelt flankiert werden, eher gemäßigte Phasenverläufe ermöglichen und sich weniger dramatisch, chaotisch und bedrohlich zeigen. Entwicklungsprozesse hingegen, die mit Abwärtsspiralen einhergehen, brauchen eine stärkere Steuerung von außen wie auch von innen. Von außen in Form von Angeboten, Grenzen, Auflagen, ggf. Druck und Kontrolle; von innen in Form von Selbstdisziplin und Wille.

Insgesamt ist es die Aufgabe der Professionellen, den Entwicklungsweg und das Entwicklungspotenzial in Form von Lernfähigkeit, Flexibilität, Visionen und Vertrauen in die Entwicklungsprozesse so zu stärken, dass sie in Passung stehen mit dem biografischen Gewordensein einer Person. Dann ist die Chance gegeben, dass auf der persönlichen und sozialen Ebene mehr gemäßigte Prozesse ablaufen können und dass maßvolle Regulationen greifen können. Der Begriff „gemäßigt" lässt sich nicht quantifizieren, sondern er bleibt interpretationsoffen. Auf "starke Eingriffe" von außen folgen eher erhöhte Widerstände der Betroffenen, weil sie einengend wirken (z.b. harte Entzugsmaßnahmen, Bedürfnisaufschub und Abstinenz von Lustgefühlen). Harte Regulationen werden leichter ertragen und akzeptiert, wenn Sinnperspektiven gegeben sind, auf die es sich hinzuarbeiten lohnt, und wenn der Verzicht Vorteile verspricht.

Deutung von Entwicklungsprozessen und Leitsätze

Bei der Unterstützung von Entwicklungsprozessen rücken aus der Sicht der Professionellen verschiedene Faktoren ins Zentrum, die eine Deutung des speziellen Prozesses ermöglichen. Es gilt diese Faktoren zu beobachten und zu erfragen, um daraus Schlussfolgerungen für den Hilfeprozesse im Kontext der spezifischen Phase zu ziehen. Fragen dazu lauten:

- Welche Leitbedürfnisse sind vorhanden? Welche Wünsche, Träume, Visionen?

- Auf welchen Bedürfnisebenen erfolgt eine kompensatorische Bewältigung? Welche Abhängigkeiten gehen damit einher?

- Zeigen sich Ambivalenzen im Fühlen, Denken und Handeln?

- Welche bereits geglückten wie auch missglückten Bewältigungsversuche liegen im Rahmen der Lebensbiografie vor?

- Welche Ressourcen[12] sind vorhanden, welche Ressourcen können weiter entwickelt und mobilisiert werden?

- Welchen Einfluss hat die relevante Umwelt auf den Entwicklungsprozess?

- Wie zeigen sich Verlaufsdynamiken in Bezug auf Chaos und Ordnung? Nehmen Rückfälle quantitativ wie qualitativ zu oder ab?

- Wie zeigen sich die Stärken und Schwächen in Bezug auf Offenheit, Zuversicht, Wille, Disziplin?

---

[12] Zum Ressourcenbegriff siehe Miller 2000: Als Ressourcen bezeichnet werden: materielle und instrumentelle Ressourcen, körperliche, kognitive und psychomotorische Ressourcen, psychische, soziale, kulturelle, ökologische Ressourcen.

- Wie zeigen sich Wahrnehmungsfähigkeit, Bewusstheit, Selbstkritik und Urteilsvermögen wie überhaupt die Entwicklung des Selbst?
- Gibt es einschneidende und verdichtende Ereignisse?
- Gibt es Schlüsselpersonen?
- Wie lauten die konkreten Lern- und Entwicklungsaufgaben?

Anhand dieser Fragen gilt es, die prozessuale Phase, in der sich eine Person befindet, aus professioneller Sicht begründet zu deuten und hypothetisch zu benennen. Darauf abzustimmen sind die Unterstützungsangebote, deren Passung immer wieder zu überprüfen ist.

Aus einer systemisch-konstruktivistischen Perspektive lassen sich in Bezug auf die professionelle Hilfe folgende Leitsätze formulieren:

- Grundsätzlich haben Menschen die Tendenz, in den gewohnten Mustern zu bleiben, solange der Alltag damit einigermaßen bewältigt werden kann.
- Instabilität ist eine Voraussetzung für Entwicklung.
- Entwicklungen müssen für das System einen Sinn machen, und sie müssen an die Identität und Autopoiesis eines Systems anschlussfähig sein.
- Nicht Aktivismus, Interventionismus und direktive Steuerung stehen im Vordergrund, sondern ein offenes Zugehen auf Betroffene (vgl. Kriz 1998, 92f.). Gleichzeitig können direktive Maßnahmen situativ eine entscheidende Wirkung haben, wenn sie in Passung mit der Person und Situation stehen.
- Entwicklungen stellen die bisherige Ordnung in Frage, was wiederum entwicklungshemmend sein kann.
- Professionelle Unterstützung kann die Entwicklungsbereitschaft bzw. Entwicklungsnotwendigkeit eines Systems nicht ersetzen oder künstlich herstellen.
- Professionelle Unterstützung hat sich in jeder Phase auf unterschiedliche Entwicklungsdynamiken einzustellen, in denen sich Turbulenzen, Rückfälle, Stabilisierungen und neues Lernen abwechseln. Ein Zulassen von chaotischen Prozessen ist genauso wichtig wie das Erkennen eines destruktiven Übermaßes.
- UnterstützerInnen brauchen Geduld und Prozesstoleranz. Nicht jedes Unterstützungsangebot zeigt eine sofortige Wirkung. Es wird nicht von kausalen Wechselwirkungen ausgegangen. Prozesse sind nicht prognostizierbar und planbar. Die Richtung, die ein System nach der Interven-

tion einschlägt, lässt sich nur hypothetisch vorwegnehmen. Trotzdem sind aufgrund von begründeten Annahmen Hilfepläne wichtig, um Meilensteine und Orientierungsmarken zu setzen, mit dem Wissen, dass sie prozessualen Veränderungsdynamiken unterworfen sind. Ein Hilfeplan ist nicht dazu da, „Pfade in eine wünschenswerte Zukunft zu entwerfen, sondern ein Design für das Experiment Zukunft zu liefern" (Küppers 1997c, 172).

- Jedes Persönlichkeitssystem ist hinsichtlich seiner Ordnungsbedingungen, seiner Umwelteingebundenheit, seiner Muster und Bedürfnisse in seinen Möglichkeiten und Grenzen zu betrachten. Die Einzigartigkeit und Individualität einerseits und die Verlaufsformen der Entwicklungsprozesse andererseits sind so aufeinander zu beziehen, dass ein Weg des Verstehens und professionellen Handelns eröffnet wird.
- Eine neue Entwicklungsstufe erzeugt neue Probleme.

Professionelle sind aufgrund des Gesagten dort argumentativ gefordert, wo beispielsweise Kostenträger, wie Küppers es formuliert, „direkte Pfade" in die Zukunft erwarten. Es ist zu überlegen, ob Projektfinanzierungen unkommentiert akzeptiert werden, wenn die Finanzierung des Projekts beispielsweise eine 60prozentige Erfolgsquote voraussetzt, so dass 60 Prozent der TeilnehmerInnen überprüfbare Handlungen nachweisen müssen. Wenn im Rahmen professioneller Hilfe Entwicklungsprozesse ad hoc verlaufen sollen, wenn Outcome-Erfolge erwartet und quantifiziert werden, entspricht dies weder menschlichen Entwicklungslogiken noch den Rahmenbedingungen, die Hilfeprozesse benötigen, um Wirkungen zu entfalten. Das schließt nicht aus, dass Auflagen extrinsisch motivieren können. Eine Gesellschaft, die keine Erwartungen an Entwicklungen signalisiert, die keine zureichenden Grenzen zieht gegenüber destruktiven Verläufen beim Individuum, ist unmenschlich. Unmenschlich ist es jedoch ebenso, wenn unter dem Deckmantel der Hilfe Bedingungen vorherrschen, die entwicklungshemmend sind.

10. Lernen und Entwicklung

Sich entwickeln bedeutet, auf einem höheren komplexen Niveau Anforderungen des Lebens besser bewältigen zu können. Entwicklung wurde als ein Prozess beschrieben, bei dem Fühlen, Erleben, Erfahren, Bewusstheit, Reflexion, Wille und Disziplin eine zentrale Rolle spielen. Von Lernen war bis jetzt nur am Rande die Rede.

Der Lernbegriff ist in der Psychologie im Kontext von Lern- und Verhaltenstheorien fest etabliert. Erstaunlicherweise spielen der Lernbegriff und das Thema Lernen in der Sozialen Arbeit eine eher untergeordnete Rolle. In den fachlichen Reflexionen ist er wenig repräsentiert. Erstaunlich ist dies deshalb, weil jede Entwicklung mit Lernen einher geht: Menschen lernen beispielsweise, mit ihren Gefühlen besser umzugehen, sie lernen, klarer zu kommunizieren, und sie lernen tauglichere Strategien der Lebensbewältigung. Möglicherweise lässt sich die Nachrangigkeit der Bedeutungswahrnehmung von Lernen durch Negativprogrammierungen in unserem Fühlen und Denken erklären. Lernerfahrungen in der Schule gehen mitunter einher mit Langeweile, Pauken, Leistungsdruck, Lernkontrollen und Versagensgefühlen. Lernen ist jedoch Leben, und Kinder führen im freien Spiel vor, wie viel Freude damit einhergehen kann.

In diesem Kapitel geht es darum, die Bedeutung des Lernens als Voraussetzung für gelingende Entwicklungsprozesse darzulegen und zwar vor dem Hintergrund der Ergebnisse der modernen Gehirnforschung. Es gilt des weiteren aufzuzeigen, dass es zu den Aufgaben der professionell Helfenden gehört, Lernsituationen zu gestalten und Lernbegleiter zu sein.

Gregory Bateson (1992, 371ff.) spricht von drei verschiedenen Lernformen:

- Lernen auf Stufe I wird durch Gewöhnung, insbesondere durch Wiederholungen, Übung, Training und Verstärkung erreicht;
- Lernen auf Stufe II erfolgt über Sozialisation, wobei die Kindheit eine ganz besondere Rolle spielt. Lernen II prägt die Persönlichkeit, insbesondere den Charakter.
- Beim Lernen auf Stufe III geht es um das selbsttätige Verändern des Ich der Stufe II bzw. um ein Selbsttranszendieren und um Selbstbildungsprozesse.

Lernen meint zunächst einmal einen Vorgang im Gehirn. Mit Lernen einher gehen zum einen Wahrnehmen, Beobachten, Reflektieren, Kombinieren und Unterscheiden. Zum anderen manifestiert sich das, was wir durch Wiederholung tun, im Gehirn. Man spricht hier von neuronaler Repräsentation. Die Neurowissenschaften haben in den letzten Jahren aufgrund neuer Untersuchungsmethoden ihre Erkenntnismöglichkeiten erweitern können. Durch bildgebende Verfahren lassen sich Hirnaktivitäten messen und bildlich erfassen. Neuronale Aktivitäten im Rahmen emotionaler oder kognitiver Zustände lassen sich somit lokalisieren, wenngleich die Wissenschaft nach wie vor das Zusammenspiel von Bewusstsein und Gehirnfunktionen nicht entschlüsseln kann. Aussagen können hingegen zur Gehirnfunktion gemacht werden.

Die Neuronen (Nervenzellen) sind durch Faserverbindungen miteinander verschaltet bzw. „verdrahtet". Das Neuronenpotenzial ist bereits bei der Geburt vorhanden, und im Laufe der menschlichen Entwicklung bilden sich dann die jeweiligen Verschaltungen heraus. Die Informationen, die wir im Laufe unseres Lebens aufnehmen, werden in eine unterschiedliche Dichte und Vernetzung verschaltet. Je dichter eine Verschaltung ist, je stärker also die Verbindung zwischen Neuronen ist, desto nachhaltiger ist eine Information gespeichert (Spitzer 2003, 51f.; 62f.). Dichte Verschaltungen finden wir bei Experten, die aus dem Stand heraus einen Vortrag über ihr Sachgebiet halten können; wir finden sie in der Schauspielkunst, wo eingeübte Texte aus dem Stand heraus rezitiert werden können; viele Musiker beherrschen eingeübte Stücke auswendig. All dem voraus geht ein nachhaltiges Üben. Auch ideologische Programme können tief verwurzelt sein, und zwar emotional und im Sinne von dichten Neuronenverschaltungen. Die Art und Weise, wie wir unsere Schuhe binden, ist in unser Gehirn eingeschrieben.

Bezugspersonen, die Schule, Peergroups und vor allem die Medien liefern uns Vorgaben und Modelle z.B. von Männer- und Frauenbildern, Lebensstilen sowie Handlungs- und Verhaltensweisen, an denen sich Menschen mehr oder weniger orientieren. Das, was wir aufnehmen, repräsentiert sich strukturell im Gehirn. Und vor dem Hintergrund dieser manifestierten Gehirnstrukturen nehmen wir wahr, beobachten, deuten und reflektieren wir. Gehirnforscher sehen die Identität eines Menschen im Gehirn verankert; dieses steuert unsere Aufmerksamkeit wie auch unsere Bewertungen und Urteile (Hüther 2004, 12). Daraus ergeben sich dann die so genannten Reproduktionen, d.h. wir wiederholen uns im Fühlen, Denken und Tun aufgrund unserer Verschaltungen.

Lernen erschüttert diesen Akt der Reproduktion, denn über Lernen verändern wir unsere Routinen im Fühlen, Denken, Urteilen und Handeln, und damit verändern sich auch die Verschaltungen. Manfred Spitzer bringt dies auf einen griffigen Nenner: *„Wer lernt, riskiert seine Identität (d.h. die Erfahrungen und Werte, die seine Person ausmachen)"*. Wenn ein Lernprozess erfolgt, verändern sich die Stärken einiger Synapsen (Spitzer 2003, 12; 75). Menschen sind in der Lage lebenslang lernen zu können, d.h. das Gehirn und die jeweiligen Verschaltungen können sich bis in hohe Alter verändern, wenngleich bei zunehmendem Alter die Prozesse langsamer verlaufen (vgl. Hüther 2004, 11).

Lernprozesse ermöglichen

Wollen die Professionellen Entwicklungen kompetent begleiten, setzt dies voraus, dass sie etwas vom Lernen verstehen. Wenn neue Fähigkeiten und Verhaltensweisen gelernt werden und alte Muster überschrieben werden sollen, ist Lernen im Spiel. Wie lassen sich nun aber positive Bedingungen des Lernens herbeiführen?

Nicht das Pauken von Faktenwissen und Regeln befördert das Lernen, sondern wir lernen am besten über Beispiele, über Tun, Handeln, Erleben. Je anschaulicher ein Sachverhalt für uns ist, desto besser können wir uns lernend darauf einlassen (Spitzer 2003, 76). So macht es Sinn, Menschen Erlebniswelten anzubieten, in denen sie neue Erfahrungen machen und lernen können. Schlüsselpersonen, auf die sich Menschen einlassen, sind Modelle, die sinnlich erlebt, kritisch beobachtet und nachgeahmt werden können. Professionell begleitete Angebote im Bereich Spiel, Ästhetik, Erlebnis, Bildung und Gruppe können neue Lern- und Entwicklungswelten bieten.

Kommen wir zurück auf die Lerntypen von Bateson, so besagen die Ergebnisse der Gehirnforschung, dass auf Stufe I bis III kreative Möglichkeiten des Lernen anzubieten sind, um Nachhaltigkeit zu erzeugen.

Die Gehirnforschung macht deutlich, dass das gehirneigene Dopaminsystem bei Lustgewinn die Lernbereitschaft fördert. Dopamin wird, so Manfred Spitzer (2003, 181), als Substanz der Neugier und des Explorationsverhaltens bezeichnet. Herrscht ein Dopaminmangel vor, zeigen sich Lustlosigkeit und gedrückte Stimmung. Ist dagegen ein Dopaminüberschuss gegeben, wird jede Kleinigkeit zum Kick und erfährt eine eigenartige euphorische Bewertung. Günstige Voraussetzungen für das Lernen sind solche, die für den Betreffenden unerwartet einen positiven Effekt ermöglichen. Auf unser Phasenmodell bezogen kann das Geschehen in der *Verdichtungs- und Wendephase* solche Effekte auslösen, weil sie ereignisreich erlebt werden. Aber das Gesagte macht auch deutlich, wie schwierig die Arbeitsphase der Entwicklung sein kann, wenn sie für den Einzelnen statt positiver Effekte einen steinigen Weg bereithält, der sich dann motivationshemmend auswirken kann. Für die professionelle Begleitung ist es deshalb wichtig, den Aspekt der Freude und des Spaßes explizit in den Hilfeprozess, und zwar in alle Phasen, miteinzubinden, beispielsweise durch kreative und erlebnisorientierte Angebote und durch Angebote, die Erfolgserlebnisse zulassen. Sie zeigen sich als wahre "Tankstellen" im Entwicklungsprozess.

Gelerntes geht nicht verloren

Die Gehirnforschung macht uns des weiteren darauf aufmerksam, dass das Gelernte nicht verloren geht. *„Stille Verbindungen"* (Spitzer 2003, 222) können reaktiviert werden. Übertragen auf die psychosoziale Praxis bedeutet dies: Wenn Kinder in Problemfamilien in Bezug auf Vertrauen und Verhalten Suboptimales lernen und sich dies in Neuronenverschaltungen verankert, dann sind auch jene Informationen verankert, die beispielsweise durch ein soziales Training, durch sozialpädagogische Gruppenarbeit oder Freizeitmaßnahmen erworben wurden. Sie werden gespeichert und können zu einem späteren Zeitpunkt wieder abgerufen werden. Vom Fremdsprachenlernen wissen wir, dass die im Kindesalter eingeübte Fremdsprache trotz langer Vergessenheit zu einem späteren Zeitpunkt relativ zügig wieder aufbereitet werden kann.

Für die sozial-präventive Arbeit ist das Gesagte ein wichtiger Faktor, weil es die Bedeutung förderlicher Maßnahmen herauszustreichen vermag, trotz schwieriger Lebenskontexte der Betroffenen. Auch wenn das Milieu es möglicherweise nicht zulässt, neue Muster routiniert zu leben, können diese, wenn sie aufgebaut werden, zu einem späteren Zeitpunkt durchaus abgerufen werden. Spitzer (2003, 229) bezeichnet gerade Kinder als *„wahre Lernmaschinen, Informationsaufsauger, Regelgeneratoren und zudem Motivationskünstler"*.

Pädagogische und kreative Lerninvestition gerade in beanachteiligte Kinder und Jugendliche erfährt hier sozusagen wissenschaftliche Begründung. Hüther (2004, 75) erinnert in diesem Zusammenhang an ein afrikanisches Sprichwort, das besagt, es brauche ein ganzes Dorf, um ein Kind richtig aufzuziehen. Es braucht also ein breites Spektrum von Erfahrungsmöglichkeiten, damit sich Kinder und Jugendliche verschiedene Kompetenzen aneignen können, so dass sich diese im Gehirn verschalten. Je einseitiger und isolierter Kinder aufwachsen, desto größer ist die Gefahr, dass sich einseitige neuronale Verschaltungen vollziehen, die dann später nur mit äußersten Anstrengungen zu erweitern sind. Die psychosoziale Praxis ist deshalb vor allem auch im präventiven Bereich gefordert, dieses „Dorf der Lernens" mit herzustellen.

Lernräume schaffen

Entwicklung ist an Lernen gebunden. Entwicklungsarbeit ist Bewusstseinarbeit, Erleben und Erfahren. Und damit einhergehend müssen sich Gehirnstrukturen neu verschalten. Erst über Akte der Wiederholung lassen sich neue Muster aufbauen. Die Einsicht in ein Problem schafft noch keine neuen Handlungs- und Verhaltensweisen. Neuverschaltungen setzen *Arbeit* voraus. Sind auf der psychosozialen Ebene Sozialisationsdefizite zu beheben, so sind auf der biologischen Ebene sozusagen „Installationsdefizite" in Form neuer neuronaler Verschaltungen zu beheben (Hüther 2004, 85). All diejenigen, die ein Musikinstrument spielen, kennen den zum Teil mühsamen Weg des Lernens. Passagen müssen mehrfach hintereinander geübt werden, um sie einigermaßen zu meistern. Entwickeln setzt mitunter intensive Lernanstrengungen voraus.

Wohnungslose Frauen beispielsweise, die lange auf der Straße lebten und sich plötzlich in einem Konzept des betreuten Wohnens zurechtfinden sollen, müssen lernen, sich in Gemeinschaft mit anderen zu arrangieren, d.h. unter anderem die Küche gemeinsam zu nutzen und in Ordnung zu halten, Konflikte miteinander zu bereinigen, den eigenen Wohnraum in Ordnung zu halten, mit Behördengängen klarzukommen, sich gesund zu ernähren, ihr Suchtverhalten in den Griff zu bekommen, einen geregelten Tagesablauf zu meistern und anderes mehr. Was für viele Menschen selbstverständlich ist, ist für andere eine ungeheure Herausforderung und Lernanstrengung. Lernen wird dort blockiert, wo zu viel auf einmal gelernt werden soll und wo das Gelernte auf Anhieb zu schwierig ist. Spitzer (2003, 232f.) plädiert für den langsamen Komplexitätsaufbau, d.h. zunächst soll Einfaches im Sinne einfacher Strukturen gelernt werden, und darauf aufbauend sollen immer schwierigere Sachverhalte gelernt werden. Die einfachen Verschaltungen können dann durch kompliziertere erweitert werden. Im Musikunterricht und im Sprachunterricht geschieht nichts anderes. In der psychosozialen Praxis ist deshalb sehr genau zu prüfen, was die Betroffenen bewältigen können und was sie überfordert.

Im betreuten Wohnen, ob für Kinder, Jugendliche oder Erwachsene, werden in der Eingangssituation häufig Kontrakte geschlossen, was alles zu tun bzw. zu vermeiden ist. Die Gefahr ist, dass bei Eintritt in ein neues System auf Anhieb zu viel verlangt wird. Lernbiologisch kommt es hier schnell zu Überforderungen. Besser wäre zu überlegen, am Anfang weniger zu fordern und den Kontrakt prozessual zu erweitern. Ansonsten ist die Gefahr des schnellen Scheiterns groß. Wo viel Neues gefordert wird, braucht es meist intensive Begleitung und klare Strukturen und Rahmenbedingungen, die wiederholbare Erlebnisse und Handlungen ermöglichen. Auch hier sei nochmal ein kritischer Blick auf Empowerment- und Selbstorganisationskonzepte geworfen, nicht um sie in Frage zu stellen, sondern um zu verdeutlichen, dass in lernintensiven Phasen solche Konzepte möglicherweise zu viel voraussetzen und zu wenig Orientierung und ein zu vages Lernsetting zur Folge haben.

Gerald Hüther beschreibt in einem bildlichen Akt am Beispiel der Entwicklung einer Wissenschaftsdisziplin das, was durch Lernen geschieht. Es ist so eingängig, dass es auf alle möglichen Entwicklungsprozesse bezogen werden kann:

> „Dieses neue Wissen muß irgendwie in das alte Denkgebäude eingebaut werden, und solange das gelingt, ist alles gut und das Gebäude bleibt noch eine Zeitlang stehen, wenngleich es allmählich immer eklektizistischere Gestalt in Form von Anbauten, Giebeln, Türmchen, Nebengelassen und Abstellräumen annimmt. Irgendwann jedoch wird das ganze Gebäude so schwer begeh- (begreif-)bar und paßt nur noch so schlecht in die Landschaft, daß ein drastischer Umbau oder sogar eine Neukonstruktion des ganzen bisher aufgetürmten Theoriegebäudes unvermeidbar wird. Das sind Umbruchphasen, und in diesen Phasen wird ein altes, bisher für allein seligmachend gehaltenes Paradigma durch ein neues ersetzt, das die Mög-

lichkeit bietet, das bisherige Wissen noch immer als gültiges Wissen zu nutzen, es aber in ein neues Gedankengebäude einzuordnen, das auch dem neuen Wissen Raum bietet, weil es übergreifender, umfassender, einfach weiter ist als das alte." (Hüther 2004, 14f.)

Eine Analogiebildung zu den Entwicklungsphasen ist nicht schwer. In der *Up-and-Down-Phase* geschehen etliche Veränderungen, die im Gehirn gespeichert und die in den Alltag integriert werden. Dort, wo Lernen erfolgt, verstärken oder schwächen sich neuronale Verbindungen oder es werden ganz neue Verbindungen aufgebaut. All das setzt Wiederholung voraus, damit sich die Verschaltungen festigen. Entwicklung geschieht aber erst dann, wenn das Alte im Zuge des neu Gelernten eine neue Verortung findet. Entwicklung bedeutet eine Zunahme der Komplexität und diese repräsentiert sich auch im Gehirn.

Die Neurowissenschaften sowie die systemisch-konstruktivistischen Bildungsansätze (vgl. Siebert 1996) gehen davon aus, dass Lernen eine motivationale Bereitschaft des Lernenden voraussetzt. Impulse von außen werden erst dann verarbeitet, wenn es für die betreffende Person Sinn macht, und sie werden zudem nach den je eigenen Logiken einer Person (Identität, Muster, Fähigkeiten, synaptische Verknüpfungen) verarbeitet. Die Bereitschaft, Impulse von außen zu verarbeiten, ist in der *Up-and-Down-Phase* häufig nur spärlich gegeben. In dieser Phase läuft sozusagen der Reproduktionsvorgang eines bestimmten Programmes; es wird versucht, mit dem bisher Gelernten und Praktizierten die Lebenssituation zu meistern, auch wenn es belastend ist. Nach Manfred Spitzer (2003, 146) setzt Lernen Aufmerksamkeit voraus. Diese wiederum ist vom inneren Beteiligtsein, vom inneren Interesse abhängig. Neben der Aufmerksamkeit ist eine gewisse Zuversicht wichtig, denn Angst und chronischer Stress hemmen das Lernen. Man kommt „*aus seinem gedanklichen Käfig nicht heraus*" (Spitzer 2003, 164).

Die *Up-and-Down-Phase* als eine Phase geringer Bewusstheit und Aufmerksamkeit bei den Betroffenen konfrontiert die Helfenden mit Lernwiderständen. So lässt sich auch an der Lernbereitschaft und Lernoffenheit erkennen, in welcher Phase sich der Entwicklungsprozess wohl eher bewegt.
Vor allem in der *Verdichtungs- und Wendephase* sowie in der *Entwicklungsphase* sind Überlegungen in Bezug auf passende und motivierende Lernsettings anzustellen, die den Entwicklungsprozess der Betroffenen fördern. Soll eine Wende vollzogen werden, dann braucht es neben passenden Lernräumen auch die „Zuwendung" des Betroffenen zu sich selbst, d.h. der Einzelne ist gefordert, sich mit Aufmerksamkeit seinem Leben, seiner Umwelt und seiner Zukunft zuzuwenden. Wird dies aus welchen Gründen auch immer verweigert, werden Entwicklungsprozesse blockiert.

Die Antigone des Sophokles wurde 442 v. Chr. uraufgeführt. Der Stoff bietet verschiedene Lesarten, u.a. bietet er ein Lehrstück des Lernens. Das

Stück zeigt das tragische Ende eines Menschen, der Einsicht verweigert und der nicht bereit ist zu lernen.

Antigone, Tochter des Ödipus, ist mit dem Sohn Kreons verlobt. Kreon ist Machthaber von Theben. Polyneikes, Antigones Bruder, ist Kreons Feind und wird beim Angriff auf Theben tödlich verwundet. Kreon verweigert Polyneikes Bestattung und will den Leichnam schänden und ihn zum Fraß den Vögeln und Hunden vorsetzen. Antigone übertritt sein Verbot und bestattet ihren Bruder, obwohl sie weiß, dass darauf die Todesstrafe steht.

Kreons Sohn, Haimon, der mit Antigone verlobt ist, die Ältesten sowie Teiresias, der Seher, ringen vergeblich um Kreons Einsicht, dass einem Toten auch im Sinne der Götter Respekt zu erweisen sei. Kreon bleibt stur und gebärdet sich als allmächtiger Herrscher und Tyrann. Er versteckt seine Schwäche unter einer starken Maske. Ihm fehlt Großmut wie auch eine demokratisch gesinnte Haltung. Frauen sind ihm suspekt: *„Mir, in meinem Leben, herrscht kein Weib!"* und von seinem Sohn verlangt er strikten Gehorsam. Haimon, Symbol für eine andere, nämlich demokratische Welt, versucht den Vater umzustimmen, will, dass er lernt: *„Nein, für den Mann, wie weise er auch sei, ist es nicht Schande, viel zu lernen und nicht gar zu sehr den Bogen anzuspannen."* Der Jüngere gibt dem Älteren ein Gleichnis: *„Du siehst, wie am geschwollenen Winterstrom die Bäume, die nachgeben, ihr Astwerk heil bewahren: Was widerstrebt, das kommt entwurzelt um".* Auch Teiresias, der Seher, ermahnt Kreon zu lernen, dass alle Menschen fehlbar sind und dass man einen Toten nicht nochmal umbringt, indem man ihm die Bestattung verwehrt: *„Dir wohlgesonnen rate ich dir gut, und Lernen von einem, der dir gut rät, ist am süßesten".* Kreon hört nicht auf sie. Die Tragödie endet damit, dass Antigone in eine Gruft gesperrt wird, wo sie sich erhängt und wo auch Haimon sich das Leben nimmt. Kreon ist der überlebende Verlierer. Seine Einsicht kommt zu spät: *„O mir! ich habe es gelernt, ich Armer!"* Nach dieser Einsicht wird er nochmal bestraft, denn er erfährt, dass auch seine Frau Eurydike sich das Leben genommen hat.

Lernverweigerung kostet ihren Preis, das lehrt uns diese Tragödie. Und sie veranschaulicht auch eine Aussage von Gregory Bateson (1992, 632): *"Das Geschöpf, das gegen seine Umwelt siegt, zerstört sich selbst."* Da, wo die Bereitschaft sich zu entwickeln nicht gegeben ist, drohen Krisen und Katastrophen, und der Mensch ist selbst Mitschöpfer seines düsteren Schicksals. Gerade das ist es, was Helfen in der *Up-and-Down-Phase* oft so schwierig und frustrierend macht. Man ist mit Lern- und Entwicklungsresistenzen konfrontiert und damit einhergehenden Dramaturgien, die Tragödien ähneln.

Der Systemiker und Kybernetiker Bateson sieht die Potenzialität und Bereitschaft zur Veränderung als genetisch verankert. Grundsätzlich heißt das, wir können auf die Lernfähigkeit und -bereitschaft der Individuen vertrauen, jedoch in dem Wissen, dass sie in jedem Einzelfall ihre eigene Dramaturgie hat.

11. Die helfende Person

Entwicklung als gemeinsame Erfahrung

In der feministisch orientierten Unterstützungsarbeit wird die Auffassung vertreten, dass Adressatinnen und Helferinnen in Bezug auf weibliche Lebenswelten ähnliche Erfahrungen haben. Einschränkungen qua Geschlecht, Benachteiligungen, Macht, Unterdrückung und Gewalt sind, so die Auffassung, geteilte Erfahrungen unter Frauen, gleich welcher sozialen Schicht und Position sie zugehören. Ähnliches lässt sich in Bezug auf Entwicklungsprozesse formulieren. Entwicklungsprozesse sind Teil menschlicher Grunderfahrung, gleich welcher Herkunft und sozialer Position. Auch die Erfahrung, dass es einfachere und schwierigere Prozesse gibt, ist eine zwischen AdressatInnen und Professionellen geteilte.

Möglicherweise können professionelle HelferInnen extreme Brüche und Entwicklungsproblematiken nicht mehr nachvollziehen, weil ihnen der Erlebnis- und Erfahrungshorizont dazu fehlt; oder aber es haben sich professionelle HelferInnen aus Problemtiefen herausentwickeln können, was sie prädestiniert, anderen Menschen zu helfen. Bei aller Unterschiedlichkeit oder Ähnlichkeit von Problem- und Entwicklungsverläufen ist es von professioneller Seite her wichtig, das hier vorgestellte Modell an den eigenen Entwicklungsverläufen zu prüfen. Dabei geht es nicht nur darum, die Etappen eigener Entwicklungsprozesse nachzuzeichnen, sondern auch darum, sich bewusst zu werden, was leichter und schwieriger zu bewältigen war, wer den Prozess unterstützt oder auch erschwert hat, was das bedeutet hat und schließlich, zu welchen Bewältigungsmustern man selbst neigt. Am Beispiel der Entwicklungsprozesse von AdressatInnen gilt es dann, deren Entwicklungsverläufe nachzuzeichnen, um deren Wege und Bewältigungsmuster nachvollziehen zu können.

Vergleiche mit den eigenen Entwicklungsprozessen und denen von Betroffenen sind wichtig, um herauszuarbeiten, wie unterschiedlich und einzigartig sich individuelle Entwicklungsprozesse darstellen und welche verschiedenen Bewältigungsmodi im Vergleich zu den eigenen zu beobachten sind. Was für die einen schwierig ist, mag für die anderen einfacher erscheinen, was für die einen konstruktiv ist, zeigt sich für die anderen möglicherweise kontraproduktiv. Wege sind vielschichtig und es gibt keine Patentrezepte. HelferInnen sind deshalb gefordert, sich ihrer eigenen Modi bewusst zu werden, um mit empathischer Offenheit Suchprozesse eingehen zu können, mit dem Ziel, den Betroffenen „ihren" Weg finden zu helfen, anstatt mit vorschnellen Rezepten und Gewissheiten aufzuwarten. Im Zentrum professioneller Unterstützung von Entwicklungsprozessen steht die Einzigartigkeit eines jeden Entwicklungsverlaufs.

Schlüsselfigur sein

Der Aspekt der Schlüsselfigur sollte die Professionellen hellhörig stimmen. Zum einen, um die besonderen Aufgaben bei der Unterstützung einer hilfebedürftigen Person wahrnehmen zu können, zum anderen, um sich selbst nicht zu überfordern.

Es gibt Menschen, die in bestimmten Phasen ihrer Entwicklung sehr viel Unterstützung brauchen, und andere, die mit wenigen Impulsen auskommen. Ein ressourcenorientiertes Arbeiten ist auf das richtige Maß bedacht, das es auszuloten gilt. Zwischen betulichem Überversorgen und Unterstützungsminimalismus, der möglicherweise noch durch, zum Teil missverstandene Konzepte des Empowerments und der Selbstorganisation legitimiert wird, ist ein geeignetes Maß für die Einzelperson und deren relevanter Umwelt zu finden. Das Maß der Unterstützung ist dann in jeder Phase neu auszuloten, wird stets hypothetisch bleiben und an der Praxis erprobt werden müssen.

Darüber hinaus gibt es Problembetroffene, die eine umfassende Hilfebedürftigkeit signalisieren, sei es aufgrund von Ängsten, ihr Leben selbständig zu gestalten, sei es aufgrund von Projektion und Bedürftigkeiten. Die helfende Person wird dann als Schlüsselperson erwählt. Hier gilt es wach zu sein, um wichtige Grenzziehungen und um die Rollenklarheit nicht aus dem Blick zu verlieren. Professionelle Kontakte sind anders auszurichten als freundschaftliche, und gleichzeitig setzen beide Formen Beziehungsarbeit voraus.

Aus einer systemischen Perspektive ist die helfende Person Beobachterin des Entwicklungsprozesses und gleichzeitig Teil des Hilfesystems und damit auch des Prozesses. Humberto M. Maturana versteht Beobachten *"als eine menschliche Operation, die Sprache benötigt und ein Bewusstsein dafür voraussetzt, dass man gerade etwas beobachtet"* (Maturana/Pörksen 2002, 34).

Die helfende Person beobachtet weder wertneutral noch aus einer Überblicksperspektive. Professionelle Beobachtung erfolgt vor dem Hintergrund kognitiver Operationen, kultureller Programme und Wissen, was nichts anderes bedeutet, als dass der Beobacher Wirklichkeit konstruiert, wobei es sich um begründete Konstruktionen[1] handelt. Der Beobachter kann seine Operationen der Beobachtung beschreiben, d.h. den formalen Weg und die Kriterien der Beobachtung, und er kann seine Beobachtungen zum Gegenstand der Selbstreflexion machen. Jedoch wird das "Ganze" im Blick der Beobachtung nicht fassbar (Jensen 1999, 456), und der Beobachter weiß, dass er immer nur einen Bruchteil von Wirklichkeit erfassen kann.

---

[1] Zum Konstruktivismus siehe Foerster 1985, Glasersfeld 1997; Jensen 1999; Kleve 1996; Luhmann 1990; Schmidt 1994; Watzlawick 1991.

Als Beobachter übernimmt die helfende Person eine verantwortlich begleitende Aufgabe, durchaus mit einem prozesssteuernden Anspruch. Sie entwickelt Hypothesen über den aktuellen Phasenverlauf und darauf bezogene adäquate Hilfen, und sie überprüft im laufenden Prozess ihre Hypothesen. All dies vollzieht sie mit Hilfe der Kommunikation. Beobachtung ist nicht ein stiller gedanklicher Akt, sondern sie vollzieht sich im Kontext kommunikativer Austauschprozesse. Das, was ist, wird kommunikativ (mit)geteilt.

Beobachten erfolgt nicht nur personenzentriert, sondern die Systemperspektive bleibt stets im Zentrum. Der relevante Umweltkontext wird nicht nur eingeblendet, sondern wird kommunikativ verarbeitet. Nicht nur die einzelne Person macht Entwicklungen, sondern auch ihre relevante Umwelt ist am Prozess beteiligt und muss sich ebenfalls darauf einstellen. Aufgabe der Professionellen ist es, auch für die Umwelt tragfähige Bedingungen und Anpassungsprozesse gestalten zu helfen.

Als Teilnehmerin des Hilfeprozesses lässt sich die helfende Person offen auf Begegnung ein, und diese Begegnung wiederum ist reziprok angelegt, d.h. HelferIn und Betroffene wirken aufeinander ein, es entsteht eine helfende Beziehung mit affektiven und kognitiven Anteilen, eine Beziehung, die gegenseitigen Einfluss ausübt.

Die Bedeutung von Schlüsselpersonen im Entwicklungsprozess kann für Professionelle dann zur Falle werden, wenn sie partout eine Schlüsselperson sein wollen, sei es aufgrund ihrer eigenen Bedürftigkeit und Selbstwertproblematik oder aus ethischen Vorgaben einer möglicherweise falsch verstandenen Nächstenliebe heraus. Wolfgang Schmidbauer (2004) hat dieses Phänomen unter dem Begriff des Helfer-Syndroms diskutiert.

Der Umgang mit dem Phänomen Schlüsselperson erfordert von den Professionellen deshalb sehr viel reflexive Kompetenz, um umsichtig und mit professionellem Sachverstand wahrzunehmen, welche Schlüsselpersonen aus dem Umfeld für die betroffene Person tatsächlich wichtig sind bzw. ob man selbst Schlüsselperson ist.

Professionelle setzen Impulse, beispielsweise im Rahmen von Bildungs- und Beratungsarbeit, sie können Rahmenbedingungen des Lernens, Erlebens und Erfahrens schaffen, und sie können sich als verlässliche Partner im Entwicklungsprozess zeigen. Im Rahmen dieser Arbeit werden sie häufig Schlüsselpersonen. Die dargelegten Fallgeschichten machen deutlich, welchen Einfluss Professionelle tatsächlich auf den Entwicklungsprozess haben können. Von daher ist an dieser Stelle auf die besondere Verantwortung der Professionellen zu verweisen, auch mit Blick auf ihre Modellfunktion, die Menschlichkeit, Berechenbarkeit, Verlässlichkeit, Verantwortlichkeit und auch Klarheit in Bezug auf Grenzziehungen voraussetzt.

11. Die helfende Person

Die helfende Person ist Beobachterin und aktive Teilnehmerin im Entwicklungsprozess. Die beobachtende Rolle verleiht Distanz und sichert die Möglichkeit der Reflexion wie auch Intervention; die aktiv teilnehmende Rolle schafft Beziehung und Kontakt. Beide Rollen machen nur durch die jeweils andere Sinn. Distanz und Nähe sind nicht aufzuspalten, sondern immer wieder neu auszutarieren.[2] Aus dieser Doppelrolle heraus kann es gelingen, sowohl eine vertrauensvolle Beziehung aufzubauen, wie auch das Gegenüber zu konfrontieren. Zur Konfrontation gehören auch Formen der Destabilisierung, indem das bisherige Fühlen, Denken und Handeln beim Adressaten in Frage gestellt wird und demzufolge, wie Kurt Ludewig (1997, 125) es formuliert, das Persönlichkeitssystem "heilsam" verstört wird.

Schlüsselpersonen haben bei den Adressaten eine Sonderstellung aufgrund der von ihnen vorgenommen Bedeutungszuschreibungen und den Hilfeangeboten. Mit Schlüsselpersonen ist die Hoffnung auf ein Weiterkommen und eine neue Chance verbunden. Schlüsselpersonen haben einen exklusiven Status, und dieser wiederum kann zu Überforderungen führen. Wichtig ist deshalb, dass diese Exklusivität bewusst aufgebrochen wird, und dass um den Betroffenen herum ein Netz von Beziehungen aufgebaut wird, so dass nicht alle Erwartungen mit Blick auf die Befriedigung von Bedürfnissen an eine Person gerichtet werden.

Wer Schlüsselperson für den anderen ist, ist es deshalb, weil der andere ihm diese Position erlaubt. Damit einher geht nicht nur eine Form des Vertrauens, sondern auch Prozesse der Machtzuschreibung. Schlüsselpersonen haben aufgrund ihrer Rolle Macht über den anderen, und mit dieser gilt es verantwortlich umzugehen. Machtmissbrauch entsteht nicht nur dort, wo zu eigenen Gunsten ein Vorteil erwirkt wird, sondern auch dort, wo im vermeintlich guten Sinne die eigene Position und Autorität genutzt wird, um den anderen auf einen speziellen Weg und zu speziellen Überzeugungen zu führen.

Entwicklungen sind innere und äußere Prozesse und sie finden dort ihre Tragfähigkeit, wo der Prozess aus innerer Einsicht heraus erfolgt. Entwicklungen setzen beim Betroffenen Wahrnehmungs- und Bewusstseinsveränderungen voraus, damit einhergehend Veränderungen im Bewerten und Urteilen und im Lernen neuer Wissensbausteine, Fähigkeiten und Fertigkeiten. Die manchmal labyrinthischen Suchbewegungen, die für Einzelne wichtig sind, dürfen nicht einfach von außen begradigt werden. Um mit Humberto Maturana zu sprechen, der aus einer humanistischen wie konstruktivistischen Sichtweise heraus argumentiert, bedeutet dies:

> "Man kann einem Menschen zeigen, was geschieht, wenn er diese oder jene Weltsicht oder Lebensweise wählt; man kann ihm die möglichen Konsequenzen, die in seinen Überzeugungen und Handlungen angelegt sind, vor Augen führen, aber das ist etwas völlig anderes, als ihn zu etwas zu

---

[2] Impulse dazu siehe auch bei Pfeifer-Schaupp 1995, 237ff.

zwingen und ihn mehr oder minder gewalttätig auf eine Sicht der Dinge zu verpflichten." (Maturana/Pörksen 2002, 50)

Professionelle HelferInnen, die das biografische Gewordensein einer Person und deren Identität aus dem Blick verlieren, finden aus einer systemisch-konstruktivistischen Perspektive keinen Resonanzboden für ihre Hilfeangebote. Möglicherweise wirkt sich dies destruktiv aus, weil die Bedingungen des Systems nicht respektiert werden. So geht es vielmehr um Unterstützungsangebote, deren Passung seitens der Professionellen zu erarbeiten und zu erkunden ist, Angebote, die Impulse setzen können und die zur richten Zeit vom Adressaten verarbeitet werden können.

Die Bedeutung von Leid

Teil von Entwicklungsprozessen ist das seelische und körperliche Leid der Betroffenen. Die Verdichtung von Leid wird zum Motor, um Entwicklungsprozesse einzugehen. Das ist die funktionale Bedeutung des Leids im Kontext von Entwicklungen. Sie ist eine Seite der Medaille. Die andere Seite ist die helfende Verpflichtung, die daraus hervorgeht. Hans-Günter Gruber versteht in diesem Zusammenhang das Prinzip der Solidarität als säkulare, gesellschaftliche Form der Einlösung des Gebotes der Nächstenliebe, wie es in allen großen Religionen zum Tragen kommt. So geht es nicht darum, den Blick auf das Versagen der Menschen zu richten, sondern auf ihr Leid, das es zu mildern gilt. Vor allem in Krisensituationen und Umbrüchen braucht die hilfesuchende Person „solidarische Zuwendung", um ihre Not zu wenden und damit einhergehende Ängste beispielsweise in Bezug auf Überforderung, Versagen oder die Angst vor einem unausweichlichen Schicksal o.a. zu lindern. Von den helfenden Personen setzt dies Mitgefühl voraus, das nicht auf Gegenleistung oder Dankbarkeit gerichtet ist (Gruber 2005, 99ff.).

Dieser Gedanke ist umso wichtiger, wenn man weiß, dass die Dramaturgien von Entwicklungsprozessen des Klientels für die helfenden Personen äußerst strapazierend und auch frustrierend sein können. Ein Wissen und Verstehen der Dynamiken und Schwierigkeiten hilft, die „solidarische Zuwendung" zu stärken, auch dort, wo Helfende die Hoffnung innerlich vielleicht schon aufgegeben haben. Geduld haben und Abwarten können, die Betroffenen immer wieder motivieren und bestärken und gleichzeitig Achtung aufbringen für den individuellen Entwicklungsprozess, all das kann häufig mehr bewirken als krampfhafte Interventionen. Wichtig ist es, das Leid und damit einhergehend Mühsal und Angst in ihrer Bedeutsamkeit anzuerkennen und sie nicht zu verharmlosen oder zu negieren. Leid braucht Aufmerksamkeit und dazu ist es wichtig, dass HelferInnen sich dem Leid stellen können und nicht in schnelle Lösungsversuche flüchten. Die

Lebensdramaturgie problembetroffener Menschen braucht Anerkennung, erst dann entsteht Raum, sie zu bewältigen.

Entwicklungsprozesse und sie unterstützende professionelle Angebote sind auch nicht immer dazu angelegt, das Leid zu überwinden, sondern oft können nur adäquatere Bewältigungsformen gefunden werden, um besser mit dem Leid umzugehen. Entwicklungen sind oft nur kleine Schritte, die aber zu großen Schritten führen können.

Die Auseinandersetzung mit dem eigenen Leid und auch die Auseinandersetzung mit der Notwendigkeit von Leidensdruck für Entwicklungsprozesse ist für die Professionellen eine wichtige Voraussetzung, um Entwicklungsprozesse verstehen und um solidarische HelferInnen sein zu können.

Synchronizität

Entwicklungen begleiten Menschen ihr Leben lang. Professionelle unterstützen Menschen in ihren Entwicklungsprozessen und sind parallel dazu mit ihren eigenen Entwicklungen beschäftigt. Verstrickungen und Kollisionen sind hier vorprogrammiert. Probleme können auftreten, wenn Professionelle aus eigener Erfahrung meinen, besser zu wissen, was aus der Sicht des Betroffenen zu tun ist. Möglicherweise geraten hier die Bedürfnisse der Adressaten aus dem Blick, ebenso wie ihre je persönlichen Wege, die Situation zu meistern.

Schwierigkeiten können auch auftreten, wenn Professionelle durch die Entwicklungsprozesse Betroffener einfach überfordert und hilflos sind, weil sich die Dramaturgie zu undurchsichtig, zu heftig oder gar zu bedrohlich darstellt und man nicht darauf zu reagieren weiß.

Probleme können auch auftreten, wenn die Professionellen Spiegelbilder erfahren, die hinsichtlich des eigenen Weges konfrontieren und provozieren. C.G. Jung (1995) hat dieses Phänomen mit dem Konzept der Synchronizität beschrieben. So ist es denkbar, dass innerpsychische Entwicklungsdynamiken der helfenden Person auf äußere Phänomene treffen, beispielsweise auf den Entwicklungsprozess eines Adressaten, der sich wie ein Spiegel darstellt. Beides hängt nicht wirklich zusammen, doch das Zusammentreffen birgt eine eigene Sinnhaftigkeit und Dynamik für die Beteiligten. Professionelle können sich in Projektionen und in Abwehr und Verleugnungen verstricken. Oder aber sie sind in der Lage, das Innere und Äußere reflexiv aufeinander zu beziehen, was den eigenen Entwicklungsprozess ggf. sehr fördern kann.

Der Psychiater Irvin D. Yalom, von dem an anderer Stelle bereits die Rede war, erzählt, dass ihn seine Liebesobsession und damit seine innere Fixierung auf sein Liebesobjekt ziemlich beunruhigte; er beschloss eine Therapie zu beginnen und

erfuhr dann später, dass sein Therapeut zur selben Zeit von einer faszinierenden Italienerin besessen war. *"Und so ging die Liebesobsession im 'Reigen' vom Patienten zum Therapeuten und wieder zum Patienten"* (Yalom 1990, 45).
Interaktionen vor dem Hintergrund synchroner Inhalte oder Ereignisse können wechselseitig strukturelle Veränderungen im jeweiligen Persönlichkeitssystem auslösen. Der Hilfesuchende wird zum Spiegel und Lernpartner der helfenden Person und umgekehrt. Maturana bezeichnet einen solchen Vorgang als *strukturelle Koppelung* (Maturana/Pörksen 2002, 89), die eine wechselseitige Strukturveränderung bedingt. Diese setzt für eine gewisse Zeit fortlaufende Interaktionen der Beteiligten voraus und hat eine je spezifische Wirkung auf das jeweilige Persönlichkeitssystem, ohne dass sie dessen Identität zerstört. Professionelle sind durch die strukturelle Koppelung einerseits verstrickungsgefährdet, und andererseits eröffnen sich Möglichkeiten der eigenen Entwicklung. Von den Professionellen ist hier ein hohes Maß an Selbstreflexion gefordert sowie die Fähigkeit, sich rechtzeitig beispielsweise durch Supervision und Beratung Unterstützung zu holen.

Zum Umgang mit dem Entwicklungsmodell

Die Theorie- und Modelllandschaft, die im Kontext der psychosozialen Unterstützungsarbeit angeboten wird, zeigt sich interdisziplinär vielschichtig. In der Regel verfügen die Professionellen über ihr je spezifisches theoretisches Setting, mit dem sie feld- und problem- und adressatenbezogen arbeiten. Das in diesem Buch angebotene Modell mag möglicherweise im ersten Moment quer zu dem bisher als richtig erachteten liegen, oder aber es zeigt eine Passung. Auch hier ist Arbeit seitens der Professionellen angesagt und zwar Transfer- und Integrationsarbeit. Es sind Schnittstellen zu suchen, um das hier vorgelegte Modell an andere Konzepte anzukoppeln. Keinesfalls geht es darum, bestehende Wissensgründe zu ersetzen, sondern sie zu ergänzen. Die Psychoanalyse arbeitet beispielsweise nachhaltig mit dem Faktor Bewusstsein. Einzelfallbezogen wäre zu fragen, in welcher Phase des Entwicklungsprozesses sich eine darauf bezogene Therapieform eignet. Grundsätzlich wäre hier wohl die Entwicklungsphase zu nennen, möglicherweise, je nach Fall, auch die *Verdichtungs- und Wendephase*, also ein Zeitpunkt, wenn sich das Bewusstsein öffnet. Therapiekonzepte aus dem Suchtbereich gehen häufig davon aus, dass Menschen erst den tiefsten Punkt erreicht haben müssen, um therapieoffen zu sein. Solche Zugänge lassen sich an das Entwicklungsmodell ankoppeln, wenngleich offen und kritisch zu prüfen ist, was der „tiefste Punkt" für die betroffene Person tatsächlich bedeutet. Umgekehrt erklärt die Psychoanalyse (vgl. Freud 1997) das Abwehrverhalten, das Verdrängen und Verleugnen von Problemen und Ängsten, Bewältigungsformen also, von denen anzunehmen ist, dass sie nachhaltig die *Up-and-Down-Phase* bestimmen. Abwehrverhalten kann ein Schutzmechanismus sein, kann jedoch auch lebensverbessernde Problemlösungsstrategien verhindern.

Im Gesundheitsbereich wird mit Blick auf die Krankheitsverarbeitung u.a. mit dem Phasenmodell von Elisabeth Kübler-Ross (1969, 1978) gearbeitet. Das Konzept basiert ebenfalls auf tiefenpsychologischen Ansätze und zeigt fünf Phasen auf: die Phase der Verleugnung und Isolierung; die Phase des Zorns; die Phase des (inneren) Verhandelns; die Phase der Depression; die Phase der Zustimmung; die Phase des Akzeptieren des Sterbens.[3] So gilt es in Bezug auf die jeweiligen problem-, feld- und zielgruppenspezifischen Erklärungsansätze und Modelle Schnittstellen ausfindig zu machen, die eine vertiefende Sicht ermöglichen. Diese Schnittstellenarbeit ist die besondere Aufgabe der Professionellen als ExpertInnen in ihrem Bereich, und sie wäre auch Aufgabe im Rahmen der Ausbildung.

Das hier vorgelegte Modell will Entwicklungsprozesse beschreiben und Ordnungskategorien anbieten; das Modell gibt Orientierung für Prozessverläufe, zeigt Merkmale auf, die sich diagnostisch nutzbar machen lassen, und es ist auch Navigationsinstrument für das konkrete Handeln. Es kann entlastend wirken, weil Dynamiken, z.B. Rückwärtsschleifen und die Abwehr von Hilfeangeboten, besser einzuordnen sind. Es kann argumentationsstützend sein, wenn begründet werden muss, warum eine Person noch mehr und länger Hilfe benötigt.

Im Umgang mit Modellen besteht für die NutzerInnen die Gefahr, dass die Modelle den Praxisfällen übergestülpt werden. Ein Fall wird sozusagen passgenau einem Modell untergeordnet, so dass eine Person und ihre Entwicklung nur noch schematisch betrachtet werden. Um dies zu vermeiden, ist Offenheit und Neugier wichtig sowie das kritische Prüfen des Modells anhand des Einzelfalls. Es setzt auch grundsätzlich die Fähigkeit voraus, mit Ungewissheit umzugehen. Jeder Mensch bringt seine spezifischen Ressourcen, Lebenserfahrungen und Bewältigungsmuster mit, hat eine je spezifische Umwelt, die ihn einerseits stützt und andererseits belastet, und jeder Mensch verfügt in spezifischen Lebensphasen über mehr oder weniger Kraft, Energie und psychische Stabilität für die Bewältigung von Entwicklungsprozessen. All das ist zu berücksichtigen, wenn mit dem Modell gearbeitet wird. Es kann und soll auch keine hinreichenden Antworten für den Einzelfall geben. Vieles bleibt trotz des Modells kontingent und auch unentschlüsselbar, anderes, möglicherweise Basales, wird wiederum zugänglich und verstehbar.

---

[3] Ziegler/Gemeinhardt 1989 stellen in ihrem Band darüber hinaus weitere Konzepte der Krankheitsverarbeitung vor.

12. Stufenmodelle

Die in den Sozial- und Humanwissenschaften entwickelten Stufenmodelle, wie sie in dieser Arbeit herangezogen worden sind, insbesondere das Modell von Maslow und Loevinger, Piaget und Kohlberg, beinhalten in ihrer sozialphilosophischen Ausrichtung mehr oder weniger eine teleologische Perspektive, d.h. die menschliche Entwicklung führt zu einer Art Endstufe, die bis in eine transpersonale Dimension hineinreicht. Eine teleologische Perspektive vertrat auch Karl Marx im so genannten dialektischen und historischen Materialismus mit seinem Stufenmodell der gesellschaftlichen Entwicklung, an dessen Endzustand der Kommunismus steht. Stufenmodelle entspringen einer evolutionären Grundausrichtung, wobei diese nicht notwendigerweise in einen Endzustand münden muss. Die Evolutionsperspektive, so wie sie von den Naturwissenschaften vertreten wird, sieht die Stufenprozesse nicht final, sondern funktional. Systeme, so der Ausgangspunkt, müssen sich immer komplexeren Umweltanforderungen stellen und dazu komplexere Anpassungsstrategien vollziehen. Dass bedeutet nicht, dass das komplexere Niveau auch zugleich das qualitativ Bessere ist.

Menschen, die in einer Kollektivgesellschaft aufgewachsen sind und im Laufe ihres Erwachsenenalters, warum auch immer, in einer westlichen Individualgesellschaft zurechtkommen sollen, vollziehen nicht automatisch einen qualitativen Sprung, so wie es aufgrund der Maslowschen Bedürfnispyramide möglicherweise zu interpretieren wäre. Hier ist also Vorsicht geboten vor voreiligen Schlüssen. Bei dem Gebrauch von Stufenmodellen gilt es deshalb zu benennen, ob man einen teleologischen Ansatz oder einen funktionalen Ansatz vertritt. Der teleologische Ansatz mag von philosophischer Brisanz sein und auch für den Einzelfall seine Richtigkeit haben, ihn jedoch als allgemeines Prinzip praxisorientiert zu nutzen, zeigt sich problematisch.

Menschliches Leben vollzieht sich vor allem in der Auseinandersetzung zwischen den Polen *Integration* und *Autonomie*. Nach Maslow wären dies die Stufe 3: Orientierung an Liebe, Zuneigung und Zugehörigkeit sowie die Stufe 4: Orientierung an Achtung und Selbstachtung. In der konkreten Lebenspraxis sind diese Bedürfnisse weniger in einem Entweder-Oder zu bewältigen, sondern vielmehr in einem Sowohl-als-Auch. Stufenmodelle verlieren genau an dem Punkt ihre Aussagekraft, wenn sie davon ausgehen, dass eine Stufe zugunsten der anderen zurückgedrängt wird.

Mit Hilfe der Stufen lässt sich bestenfalls sagen, wieweit beispielsweise die Autonomieentwicklung vollzogen ist und wie weit sich jemand beispielsweise von kollektiven Vorgaben distanzieren kann. Stufe 4 bedeutet in der Praxis jedoch nicht, sich vom Kollektiv, d.h. von der sozialen Zugehörigkeit unabhängig zu machen. Grade auch die neuere Milieu- und Subkulturforschung (Schulze 2005) oder die Cultural Studies (Lutter/Reisenleitner 2001; Grossberg 2000;) betonen die Bedeutung der (sub)kulturellen Vorgaben bei der Entwicklung von individuellen Lebensstilen und Sinnprämissen. Auch die im Rahmen von Freiheit und Individualität inszenierten Gegenkulturen zur Massenkultur vollziehen sich in Gruppen, die zwar freiwillig gewählt sind, die aber mit bestimmten Regeln und Vorgaben ausgestattet sind, ohne die sie keine integrative Kraft hätten. Verfolgt man die Shell-Jugendstudien, so wird deutlich, dass Freundschaft, Beziehung, Liebe und Familie einen steigenden Wert besitzen.

Eine Hierarchisierung der Bedürfnisse, wie sie sich anhand des Maslowschen Modells interpretieren lässt, entspringt womöglich einem traditionell-männlichen Denken. Die große gesellschaftspolitische und soziale Herausforderung von Individualgesellschaften und wohl auch von Kollektivgesellschaften ist aber doch gerade die Frage, wie sich soziale und individuale Bedürfnisse im Lebens- und Arbeitsvollzug integrieren lassen.

Dass insbesondere Individualgesellschaften einen hohen Bedarf an Kommunikation, Kooperation und Vernetzung, sprich an Beziehung haben, zeigen die aktuellen sozialen Entwicklungen auf allen gesellschaftlichen Systemebenen. Problemlösungen erfolgen zunehmend mehr durch direkten Austausch und durch überschaubare Formen der Gruppenzugehörigkeit in Form von Netzwerken. Auch das Modell Familie hat nicht ausgedient, im Gegenteil, allerdings müssen neue, gegenwartsbezogene Herausforderungen einer Individualgesellschaft bestanden werden und zwar sowohl auf der individuellen wie auch auf der sozialstrukturellen Ebene.

Ich bin weit entfernt davon Abraham Maslow, der zu den eindrucksvollen Denkern des 20. Jahrhunderts zählt, Linearität des Denkens zu unterstellen. In der Rezeption seines Ansatzes muss aber auf bestimmte Aspekte hingewiesen werden. Eine zentrale menschliche und gesellschaftliche Herausforderung ist, das Bedürfnis nach Bindung[1] und das Bedürfnis nach Autonomie so zu integrieren, damit ein menschenwürdiges Leben möglich wird. Dazu gibt es weder Rezepte noch „richtige" Antworten, vielmehr sind Suchbewegungen nötig, und zwar mehr den je. Dass der Okzident und der Orient in diesem Jahrhundert mit Gewalt aufeinanderprallen, angeführt durch eine westliche Großmacht, die sich als Vorreiter für Freiheit und Autonomie begreift, vermag diesen Konflikt und diese Herausforderung symbolisch und reell zu verdeutlichen. Beide gesellschaftlichen Konzepte sind extrem und unvereinbar. Trotzdem bedarf es der positiven Werte des jeweiligen Gesellschaftskonzeptes für ein humanes Leben, jedoch keinesfalls in seiner Exklusivität. Durch eine Nichtintegration der kollektiven Werte wird Freiheit brüchig. Zu den kollektiven Werten gehören die Solidarität, die Achtung vor dem Alter, der hohe Wert der Familie und der Kinder, für die eine moderne

---

[1] Die Bedeutung von Bindung haben insbesondere die Bindungstheorien herausgearbeitet, siehe u.a. Brisch 2000.

Welt hinsichtlich Bildung und Versorgung investieren muss. Es gehört dazu die Frage, wie Menschen Beziehungen eingehen und leben können, ohne zur Beziehung verdammt zu sein und ohne beziehungslos zu werden. Die westliche Welt leidet zunehmend an der Abspaltung kollektiver Werte, und die östliche Welt an der Verweigerung freiheitlicher Werte. Stufenmodelle könnten leicht assoziieren, dass die einen schon weiter sind als die anderen und dass die einen sogar im Sinne einer missverstandenen kulturellen Evolution einen Entwicklungsauftrag sehen, der noch dazu mit Waffen und bibelgestützt durchgeführt wird.

Gerade die Autonomieentwicklung ist das philosophische Kernprodukt des Westens. Carl Rogers geht beispielsweise davon aus, dass Differenzierung und Ablösung die zentralen Aspekte für die autonome Entwicklung seien. Die Entwicklungsbiologie hingegen sieht Entwicklung sowohl als Differenzierung wie auch als Integration in Form neuer Bindungen und Kooperationen. Die Überbetonung von Differenzierung und Abspaltung ist nach Carol Gilligan ein männliches Konstrukt, das den Aspekt der Integration vernachlässigt (vgl. Kegan 1994, 24). Vor allem die geschlechtsspezifische Rezeption von Entwicklungskonzepten wirft kritisch-konstruktive Fragen gegenüber männlichen Annahmen auf, die über lange Zeit plausibel schienen.

Für Robert Kegan (1994, 149), Schüler von Lawrence Kohlberg, sind die grundlegenden Bedürfnisse des Menschen das *„Verlangen nach Beteiligung, Nähe, Bindung, von anderen gehalten, aufgenommen, begleitet zu werden. Das andere Bedürfnis kann man Verlangen nach Unabhängigkeit oder Selbstständigkeit nennen."* Beide Bedürfnisrichtungen stehen konflikthaft zueinander, und in den jeweiligen Entwicklungsprozessen setzt sich der eine oder der andere Aspekt stärker durch. Kegan (1994, 70) betont das Wechselspiel der Anpassung. Neue Erfahrungen werden an die „alte Grammatik" angepasst und umgekehrt, die alte Grammatik wird dem Neuen angepasst. Das Alte wird mit Neuem verbunden und ein Teil des Alten wird durch das Neue überschrieben. Entwicklung und Wachstum sieht er nicht nur als Differenzierung und Trennung, sondern als Prozess der Integration, der Bindung und des Zusammenschlusses (Kegan 1994,151).

Stufenmodelle laufen aufgrund ihrer hierarchischen Anordnung Gefahr, den Vernetzungsaspekt zu vernachlässigen und zu vorschnellen Wertungen dahingehend zu motivieren, was höherwertig sei. Eine ganzheitliche Sicht des Menschen zielt darauf, den Menschen auf allen Ebenen seines Seins, des Körpers, der Psyche, des Geistes, des sozialen und beruflichen Umfeldes, der Natur, Ökonomie und des Kosmos wahrzunehmen. Das Prinzip der Ganzheitlichkeit stellt den Versuch dar, Polaritäten wie Leib-Seele-Geist, Denken-Fühlen-Handeln, Mensch-Umwelt zu verbinden und ein gleichberechtigtes Zusammenwirken zu unterstützen.

Als zentrales Scharnier der Verbindungslinien dieser Ganzheit lassen sich die menschlichen Bedürfnisse sehen. Deren Abstimmungsbedarf ist ein lebenslanger Prozess und jede neue Lebenssituation und Lebensstufe macht eine Neujustierung notwendig. Aus systemischer Sicht geht es im Kontext von Entwicklung somit vor allem um die Arbeit an einer konstruktiven Ausbalancierung der Bedürfnisse für das Individuum in seiner Lebenssituation. Im Rahmen dieser Ausbalancierung sind Bedürfnismodelle wichtige Orientierungshilfen zur Verortung von Bedürfnissen, jedoch können sie nicht leitend sein in der Bewertung, welche Bedürfnisse Vorrang haben sollen und erstrebenswert sind. Alle Bedürfnisse sind von Bedeutung, weil sie aufeinander bezogen sind. Und ganz bestimmte Bedürfnisse sind aus der Perspektive der Betroffenen von besoonderem Belang, weil sie unterversorgt sind. Daran gilt es zu arbeiten.

13. Schluss

In diesem Buch wurden autobiografische Texte mit einem hohen Problempotenzial herangezogen, um Entwicklungsprozesse zu veranschaulichen. Freilich verlaufen Entwicklungen nicht immer so dramatisch, wie in diesem Buch geschildert, sondern können sich im Zuge der Phasenverläufe organisch und relativ unspektakulär vollziehen. Wie auch immer: Entwicklung stellt ein anthropologisches Faktum dar, und alle Menschen müssen sich ihren Entwicklungsherausforderungen stellen, angefangen vom biologischen Reifen bis hin zur spirituellen Entwicklung. Diese möchte ich am Ende des Buches noch kurz erwähnen. Die spirituelle Entwicklung korrespondiert mit der Stufe 5 von Maslow, der Stufe der Selbstverwirklichung. Sie geht einher mit Sinnsuche, Lebensphilosophie, Spiritualität und menschlichem Engagement.

Spirituelle BegleiterInnen wissen, welche Herausforderung die geistig-spirituelle Dimension oft darstellt. Das spirituelle Suchen wird häufig mit der Metapher des *Weges* gleichgesetzt, d.h. des Sich-auf-den-Weg-Machens. Die spirituelle Arbeit verlangt Bewusstheit, Wachheit und Reflexion und ein stetiges Fragen: Warum geschieht mir das jetzt? Warum sehen mich die anderen so? Was muss ich lernen?

Trotz aller Unterschiedlichkeiten weisen die spirituellen Lehren der verschiedenen Religionen viele Gemeinsamkeiten auf. So gibt es vergleichbare Hinführungen zu einem so genannten Stufenweg. Stufe für Stufe, Etappe für Etappe ist zu nehmen, um sein Selbst, seine Seele dem Eigentlichen näher zu bringen. Innerhalb des Christentums zeigen Meister Eckert oder Theresa von Avila Stufen der Entwicklung auf wie auch die Arbeit und die Herausforderungen, die damit einhergehen.

Auch spirituelle Entwicklungen sind ohne Hilfe kaum zu bewältigen. Es braucht Unterstützung von kundigen Menschen, gleich ob in Wort oder/und Schrift. Und auch hier droht ein Scheitern, drohen Abwege und Irrtümer. Das, was in diesem Buch herausgearbeitet wurde, dass nämlich Aufmerksamkeit, Wahrnehmung, Bewusstheit und Wille sowie der Umgang mit dem Leid zentrale Voraussetzungen für einen Entwicklungsprozess sind, finden wir auch in den spirituellen Lehren verschiedener Religionen. Die Schulung der inneren Wahrnehmung wird als fundamental angesehen.

Spirituell betrachtet ist der Mensch zur Freiheit angelegt, die er im Zuge seiner Werteorientierung und des Erkennens bestimmter Lebens- und Seinsprinzipien, beispielsweise des Prinzips des Leids, der Freude und der Liebe, sowie durch die Arbeit an seinem Selbst erreichen kann. Die Annahme des Leids und das Herausfinden, worum es im Leben eigentlich geht, was zu überwinden und was es zu entwickeln gilt, ist die große spirituelle Herausforderung. Leid und Krisen werden als Chance für einen Neubeginn begriffen. Jedoch gibt es Dimension von Leid, die wir weder mit dem menschlichen Verstand noch mit spirituellen Kategorien erfassen können. Der Holocaust birgt eine solche Dimension, aber auch die vielen leidvollen menschlichen Tragödien, die tagtäglich geschehen. Es wäre geradezu zynisch, hier nach dem Sinn des Leids zu fragen. Es kann bestenfalls darum gehen, wie man mit dem Erfahrenen, dem Schicksal leben kann, wie man Friede finden und seinen Schmerz und vielleicht auch Hass überwinden kann. Wenn also über Leid im Zuge von Entwicklung gesprochen wird, gilt es zu unterscheiden, und zwar zwischen Leid als Motor tätiger Entwicklung und Leid, das zum schweren und nicht mehr erklärbaren Schicksal geworden ist.

In seinem Gedicht „Der Anfänger" beschreibt Rainer Maria Rilke, wie es jemandem geht, der eine neue Schwelle betritt. Otto Betz (2001, 26ff.) versucht dieses Gedicht spirituell zu interpretieren. Der göttliche Helfer wird gebeten, den Anfänger zu begleiten, ihm Sicherheit zu geben, um da zu sein, wenn ihn der Hilferuf ereilt. Der Helfer macht an der Schwelle halt, der Anfänger ist gefordert, allein über die Schwelle zu gehen, aber er ist an der unsichtbaren Verbindungslinie, er muss es allein vollbringen und ist doch nicht allein.

Der Anfänger

Du Freundlicher, der mich zu allem führte,
o geht mit mir bis an die schwere Schwelle.
Du Mächtiger, der mein Gesicht berührte
so dass es denkend dunkel wurde, stelle
mich an der Arbeit ängstlichen Beginn.
Bleib vor der Türe stehn in die ich trete,
damit du hören kannst sobald ich bete
und rufen kannst wenn ich nicht weiß wohin.
Ich brauche dich. Ich greife nach dem Horne
das du mir einstens gabst damit ich bliese
wenn ich in Not bin, wenn ein fremder Riese
mich halten will in seinem fremden Zorne
in einem Zorne, der nicht deinem gleicht.
Und nun versucht, zum ersten Mal vielleicht,
mein Horn den hellen Hilferuf, den Schrei.
Nun bet ich dich zum ersten Mal herbei,
nun will ich dich, nun hungert mich nach dir,
nun bin ich bange wie ein dürstend Tier
und wie ein Sterbender ganz ohne Zeit
voll Ungeduld und Leid und Einsamkeit.
Und meine Hände heben sich heraus
und wenn auf meines Herzens dunklem Haus
wie Fahnen, wartend. Komm und sei der Wind,
der Wind im Willen der du oft gewesen, -
dass alle ihre Linien zu lesen
und ihre Bilder offen sind.

Das Gedicht eignet sich als Metapher nicht nur für die spirituellen BegleiterInnen, sondern für alle professionell Helfenden. Sie begleiten den Hilfebedürftigen bis zur nächsten Etappe, doch die letzte Treppenstufe muss allein gegangen werden, das kann und darf nicht abgenommen werden, aber das, was geschieht, wird von der helfenden Seite wahrgenommen, und die Sinne sind auf den möglichen Hilferuf gerichtet. Es ist darauf zu achten, was gebraucht wird: Zuspruch, Ermutigung, Trost, Rat, Kritik? Psycho-soziale Entwicklungen, gleich um welche Fragen, Bedürfnisse, Themen und Probleme es geht, setzen das Tätigwerden der betroffenen Person voraus und dieses kann ihr niemand abnehmen.

Der Auszug aus Ägypten

Die Bibel, so wurde eingangs erwähnt, ist ein Buch der Entwicklung. Und der hier vorgelegte Text beginnt mit der Erzählung von Jakob. So soll auch am Ende des Buches eine biblische Geschichte stehen, die all das symbolisch auszudrücken vermag, was in diesem Buch mit Hilfe verschiedener Erkenntnisebenen herausgearbeitet wurde.

Die Geschichte des Auszugs aus Ägypten[1] handelt vom Schicksal der Nachkommen Jakobs, die mit Moses Hilfe in das Land Kanaan ziehen. Diese Geschichte des alten Testaments hat viele Interpreten beschäftigt. Man kann die Geschichte wörtlich und historisch interpretieren, ebenso als Methapher (vgl. Weinreb o.J.); Ägypten könnte dann die Selbstgefangenheit des Menschen symbolisieren, das Volk der Israeliten könnte als Gegenpol gesehen werden, der in die Freiheit und zur neuen Stufe führt. Die Geschichte lässt sich auch entwicklungsanalytisch deuten, indem Mose und sein Volk einen Entwicklungsweg vollziehen.

> Ägypten hat sich für das Volk der Israeliten als Gefängnis entwickelt, in dem es mehr schlecht als recht leben kann. Die Israeliten leben dort im Up-and-Down: Man ist nicht dort, wo man wirklich sein will, man überlebt, aber die Heimat ist weit entfernt. Und trotzdem wird das Volk zahlenmäßig immer stärker, was den ägyptischen König beunruhigt. So befiehlt er den Hebammen, die israelitischen Söhne nicht am Leben zu lassen. Als die Hebammen sich weigern, befiehlt der Pharao, alle neugeborenen hebräischen Knaben in den Nil zu werfen.
>
> Leben und Wachstum wird gehemmt, der Fokus liegt auf Macht und Zerstörung und auf der Reduzierung der Israeliten.
>
> Mose überlebt als Säugling nicht nur die Tötungsaktion, sondern wird sogar von der Tochter des Pharao an Sohnesstatt angenommen. Israel und

---

[1] Siehe Die Bibel (1991), das Buch Exodus, das Buch Levitikus, das Buch Numeri, das Buch Deuteronomium, das Buch Josua.

Ägypten sind durch die Figur Mose somit eng verstrickt. Als Mose heranwächst, erschlägt er einen Ägypter, als der einen Hebräer schlägt, und Mose muss fliehen.

Für die Hebräer wird im Laufe der Jahre die Sklavenarbeit immer erdrückender, so dass sich Gott erbarmt und Mose beauftragt, die Israeliten in ein Land zu führen, wo Milch und Honig fließen.

Die verzweifelte Situation der Hebräer und das Auftauchen Mose als Anführer signalisierten einen Wendepunkt. Gott verspricht den Hebräern, nicht mit leeren Händen gehen zu müssen und motiviert sie: *„Jede Frau kann von ihrer Nachbarin oder Hausgenossin silberne und goldene Geräte und Kleider verlangen ... plündert so die Ägypter aus."*

Wortwörtlich genommen gleicht das Gesagte geradezu einer rachsüchtigen Möglichkeit der Bereicherung. Jedoch symbolisch interpretiert ist es den Hebräern erlaubt, einerseits Ressourcen mit auf den Weg zu nehmen, und andererseits zieht das Alte mit ihnen und damit auch die Gier nach materiellen Reichtümern.

Mose selbst befindet sich ebenfalls in der Wendephase und zeigt sich ambivalent und ungläubig. Warum soll sein Volk ihm glauben? Klingt nicht alles sehr mysteriös und abstrus? Warum sollte der Pharao sie ziehen lassen? Gott schürt Moses Vertrauen, indem er einen Stab zu einer Schlange verwandelt und wieder zurück. Auch überzieht er Moses Hand mit Aussatz und heilt sie anschließend. Mose ist das alles nicht geheuer und er sucht eine Ausflucht. *„Herr, schick doch einen anderen!"* bittet er. Doch Gott lässt nicht ab von seinem Plan, stellt Mose jedoch seinen Bruder Aaron zur Seite, der des Wortes mächtiger ist als Mose.

Die Entwicklungsarbeit kann nun beginnen. Gott sagt zu Mose, dass er beabsichtigt, das Herz des Pharao zu verhärten, um dass Volk nicht ziehen zu lassen, dann soll Mose zum Pharao gehen und ihm bedeuten, er solle Israel ziehen lassen, ansonsten würde sein erstgeborener Sohn umgebracht werden. Welch ein merkwürdiger Gott! Er verhärtet das Alte, und Mose und die Hebräer sind dadurch einem umso stärkeren und härteren Gegner ausgesetzt. Freilich haben sie Gott an ihrer Seite, aber der Kampf muss geführt werden. Und dann geschieht plötzlich etwas ganz Unerwartetes: *„Unterwegs am Rastplatz trat der Herr dem Mose entgegen und wollte ihn töten."* Gott lässt erst von dem Gedanken ab, als er sieht, dass Moses Frau den gemeinsamen Sohn beschneidet.

Unfassbar und unverständlich ist diese Stelle zunächst für den Leser! Welch ein grausamer Gott! Doch kann das Gesagte auch als Hinweis aufgefasst werden, dass Gott den Zweifeln Moses überdrüssig ist. Wenn der Zweifel zu groß ist, scheitert die Alternative, die Entwicklung stirbt. Mose zweifelt, aber seine Frau tut etwas, worauf Gott zukünftig Wert legen wird, sie beschneidet den männlichen Nachwuchs, und dies repräsentiert die Zukunft. Gott wird versöhnt. Wer den Weg nicht vorwärts geht, der wird verschlungen, könnte die Botschaft lauten, oder den überrollt das Schicksal.

Mose und Aaron können zwar das Volk der Israeliten überzeugen, aber nicht den Pharao, im Gegenteil, der lässt die Israeliten noch mehr knechten. Die Schuld daran geben die Israeliten Mose und Aaron, auf die sie nicht mehr hören wollen. Die beiden werden weiter beim Pharao vorstellig und als dieser die Israeliten immer noch nicht ziehen lassen will, schickt Gott Plagen über Ägypten, so viele, bis Ägypten darniederliegt. Gott lässt jeden Erstgeborenen bei Mensch und Vieh erschlagen, und auch der Erstgeborene des Pharao kommt um. Nach 34jähriger Gefangenschaft können die Hebräer nun endlich ziehen. Von den Ägyptern nehmen sie die Schätze und plünderten sie aus, d.h. sie nehmen das, was sie gebrauchen können. Dann bekommen sie von Gott eine neue Regel für das Pascha-Mahl und die Beschneidung.

Gott begleitet die Israeliten auf ihrem Weg. Am Tage gibt er ihnen Orientierung durch eine Wolkensäule und in der Nacht durch eine Feuersäule. Dann will Gott den Ägyptern noch einmal zeigen, wer der Herr ist: die Ägypter sollen den Israeliten nachstellen, und dann wird Gott sie besiegen. Als die Ägypter anrücken, erschrecken die Israeliten und machen Mose Vorwürfe: *„Wir wollen Sklaven der Ägypter bleiben; denn es ist für uns immer noch besser, Sklaven der Ägypter zu sein, als in der Wüste zu sterben."* Sie werden eines Besseren belehrt. Mit Gottes Hilfe schreiten sie trockenen Fußes durch das Meer, und die Streitmacht des Pharao ertrinkt. Der Weg ist nach wie vor schwierig. Es mangelt an Trinkwasser und Nahrung, und zudem sollen die Israeliten zahlreiche neue Gebote und Weisungen einhalten. Es wird ihnen nichts geschenkt. Gott stellt sie immer wieder auf die Probe, die viele nicht bestehen und immer wieder zieht sich ein Murren und Zweifeln durch das Volk.

Mose ist verzweifelt: *„Was soll ich mit diesem Volk anfangen?"*. In dieser Phase besucht ihn sein Schwiegervater. Er sieht, was Mose alles für sein Volk tut: Mose spricht Recht für das Volk, die Menschen stehen dazu in langen Schlangen an. Der Schwiegervater versucht Mose zu unterstützen: *„Es ist nicht richtig, wie du das machst.. So richtest du dich selbst zugrunde und auch das Volk".* Er rät Mose, ausgewählte Männer mit dem Richteramt zu betrauen, damit Mose entlastet ist. Mose befolgt diesen Rat. Da wo die Verzweiflung am größten ist, tut Gott ein Wunder, oder es kommt Hilfe wie die des Schwiegervaters.

Nach drei Monaten gibt Gott mit Blitzen und Donnern dem Volk die zehn Gebote. Das Volk fürchtet sich vor Gottes Mächtigkeit. Es folgen weitere Rechtsvorschriften und das Volk stimmt ihnen zu. Schließlich ruft Gott Mose zu sich und befiehlt, dass die Israeliten aus ihren Reichtümern eine Wohnstätte Gottes bauen sollen. Die den Ägyptern entwendeten Reichtümer sollen sozusagen einer heiligen Aufgabe zugeführt werden. Das Materielle soll ideell transformiert und in einen Kult gegossen werden.

Als Mose mit all den auf Tafeln beschriebenen Anweisungen zum Volk zurückkehrt, hat dieses zwischenzeitlich nach neuen Göttern gesucht und hat sich ein goldenes Kalb gegossen. Gott ist zornig, aber Mose besänftigt ihn. Als er jedoch sieht, wie verwildert das Volk ist, packt ihn ebenfalls der Zorn. Jetzt geht es für ihn nur noch um die Entscheidung für oder gegen Gott, und er lässt das Volk antreten. Alle, die für Gott sind, ruft er auf, seinen ungläubigen Bruder, seinen Freund, seinen Nächsten zu erschlagen. Rückfall und Untreue werden hart geahndet und mit dem Tode bestraft. Nur die Willigen überleben.

Das Gelobte Land rückt näher, und Gott will die Völker, die dort bereits ansässig sind, vertreiben. Der Satz, den Gott zu Mose spricht, ist auf den ersten Blick für den Leser wieder irritierend:

„*Du hüte dich aber, mit den Bewohnern des Landes, in das du kommst, einen Bund zu schließen: sie könnten dir sonst, wenn sie in deiner Mitte leben, zu einer Falle werden. Ihre Altäre sollt ihr vielmehr niederreißen, ihre Steinmale zerschlagen, ihre Kultpfähle umhauen. Du darfst dich nicht vor einem andren Gott niederwerfen.*"

Ein abscheulicher Satz, wenn man ihn wortwörtlich nimmt. Eine vermeintliche Legitimation für Eroberer, die eine vorgefundene Ordnung zerstören. Symbolisch lässt sich der Satz hingegen als Hinweis interpretieren, dass man auf der neuen Stufe, am neuen Ort, vorsichtig sein muss, dass man bei sich bleiben soll, um nicht neuen Verführungen ausgesetzt zu sein. Sozialpsychologisch ausgedrückt: Jede neue Entwicklungsstufe hat bereits entsprechende Bedeutungsstrukturen, die förderlich wie hinderlich sein können. Eine neue Stufe birgt neue Gefahren.

Zunächst macht sich das Volk an die Arbeit, Gottes Wohnstätte zu vollenden. Als es weiterzieht befolgen sie Gottes Gebote, aber dann fangen die Israeliten aus Hunger wieder an zu murren. Mose ist verzweifelt, und Gott bestraft sie mit einer Plage. Schließlich werden Männer ausgeschickt, um das Land Kanaan zu erkunden. Sie sagen, es sei tatsächlich ein Land, wo Milch und Honig fließen, aber die Menschen seien stark und hätten Festungen. Die einen meinen, sie wären bezwingbar, die anderen behaupten das Gegenteil. Wieder lehnen sich die Israeliten gegen Mose und Aaron auf: „*Wir wollen einen neuen Anführer wählen und nach Ägypten zurückkehren*", sagen sie. Gott wird wieder zornig und bestraft die Untreuen, auch wird das Volk durch die Kanaaniter und Amalekiter angegriffen. Und immer wieder fordert Gott das Volk auf, streng seine Gebote einzuhalten. Abtrünnige werden mit dem Tode bestraft. Das Volk lässt aber das Murren nicht. Die Wüste, der Durst, der Hunger und die Angriffe der hiesigen Stämme lassen sie Ägypten und das alte Leben idealisieren. Gott gibt ihnen Stärke, und mit seiner Hilfe verschaffen sie sich mit Gewalt im neuen Land Zutritt. Einige treiben dort Unzucht mit den ansässigen Frauen, und wieder schickt Gott ein Strafgericht. Schließlich wird das eroberte Land verteilt. Nach 40jährigem Zug durch die Wüste gilt es dann endlich, den Jordan zu überschreiten, um jenseits des Flusses das Land Kanaan zu erobern. Gott ermahnt das Volk, seine Gebote und Gesetze einzuhalten. Kurz vor dem erreichen des Ziels zeigt Gott Mose das Land Kanaan. Mose hat seine Aufgabe erfüllt, hinüberziehen in das neue Land muss er nicht mehr. Josua wird seine Nachfolge übernehmen und die Israeliten über den Fluss führen.

Die Geschichte des Auszugs aus Ägypten zeigt in der *Entwicklungsphase* ein ständiges Up and Down, ein Hin und Her zwischen dem Alten und dem Neuen, und trotzdem geht es permanent vorwärts. Das Neue ist noch so unvollkommen so wenig greifbar, woran soll man sich halten!? Dann noch die vielen neuen Gesetze, die es einzuhalten gilt, diese Disziplin. Kommt man vom Regen nicht in die Traufe?! Das Volk der Israeliten schafft es nur durch die positive und negative Motivation von außen, durch ihren Anführer Mose und die zum Teil harsche Flankierung durch Gott. Ein Rückfall folgt dem anderen – und trotzdem marschieren sie Schritt für Schritt voran. 40 Jahre dauert es, bis sie an den Jordan kommen. Verzweiflung und Aufbegehren, Hoffnung und Durchhaltevermögen wechseln sich ab. Dazwischen Hindernisse und Angriffe von außen. Das Ziel wird endlich erreicht, aber es wartet schon mit neuen Verführungen. Gott und Mose haben eine Menge Energie investiert, um wenigstens einen Teil des Volkes, diejenigen, die sich als entwicklungsfähig erweisen, in das Gelobte Land zu führen.

Mose hat den Weg und seinen Auftrag geschafft, er hat sein Volk zum Jordan geführt. Sein Sterben symbolisiert seine eigene Transformation: die Aufgabe des alten Mose geht über auf Josua. Genauso wie Jakob einen neuen Namen bekommt als er zurück in seine Heimat geht, so wird nun Mose durch Josua ersetzt und Josua führt Moses Aufgabe weiter. Eine neue Person tritt auf die Bildfläche, und eine neue Identität hat sich herausgebildet.

Was bleibt am Ende dieses Buches zu sagen? Ein großes humanes Ziel ist es, Menschen in ihrer Entwicklungskompetenz zu stärken. Wir Menschen brauchen nicht nur soziale Unterstützung in Notlagen, sondern wir brauchen ein Wissen darüber, was Entwicklung bedeutet, wie Prozesse der Entwicklung verlaufen, wie holprig und schwierig sich diese zum Teil zeigen, aber auch wie bewältigbar und hoffnungsvoll sie sind. Wir brauchen eine lebensbegleitende Schule der Entwicklung, um Menschen Phasenübergänge zu ermöglichen, die zumutbar und bewältigbar sind.

Weitere Forschungsanstrengungen sind anzustellen, um noch tiefere Erkenntnisse und Details über Entwicklungsverläufe herauszufinden, die Professionelle in ihrem Wahrnehmen, Analysieren und Handeln unterstützen können.

Die professionell Helfenden mögen durch dieses Buch motiviert sein, ihre Aufmerksamkeit und Wachheit gegenüber eigenen und fremden Entwicklungsprozessen nicht nur zu stärken, sondern auch die Spiralbewegungen menschlicher Entwicklungen mit Menschlichkeit, Offenheit, aktiver Präsenz und Toleranz zu begleiten. All dies setzt die Bereitschaft voraus, sich auf andere Menschen, deren Lebensprozesse, Entwicklungsdramaturgien und Selbstbeschreibungen unvoreingenommen einzulassen; es setzt das Aushalten von Ungewissheiten voraus sowie Bescheidenheit, weil man weder im Besitz der Wahrheit ist noch andere Menschen von außen lenken kann.

Entwicklungsprozesse sind Zeiten der Wende; sie brauchen aufmerksame Zuwendung, um vollzogen zu werden.

Literatur

Aguilera, Donna C. 2000: Krisenintervention. Grundlagen – Methoden – Anwendung. Bern u.a.

Alderfer, Clayton. P. 1972: Existence, relatedness, and growth. Human needs in organizational settings. New York.

Altner, Günter (Hrsg.) 1986: Die Welt als offenes System. Eine Kontroverse um das Werk von Ilya Prigogine. Frankfurt/M.

Antonovsky, Aaron 1997: Salutogenese. Zur Entmystifizierung der Gesundheit. Hrsg. v. Alexa Franke. Tübingen.

Aristoteles 1980. Nikomachische Ethik. Stuttgart.

Aschke, Manfred 2002; Kommunikation, Koordination und soziales System. Theoretische Grundlagen für die Erklärung der Evolution von Kultur und Gesellschaft. Stuttgart.

Bammé, Arno 1986: Wenn aus Chaos Ordnung wird – Die Herausforderung der Sozialwissenschaften durch die Naturwissenschaftler. In: Soziologie, Mitteilungsblatt der Deutschen Gesellschaft für Soziologie, Heft 2, S. 117-145.

Basar, Erol / Roth, Gerhard 1997: Ordnung aus dem Chaos: Kooperative Gehirnprozesse bei kognitiven Leistungen. In: Küppers, Günter (Hrsg.): Chaos und Ordnung. Formen der Selbstorganisation in Natur und Gesellschaft. Stuttgart. S. 290-322.

Bateson, Gregory [4]1992: Ökologie des Geistes. Anthropologische, psychologische, biologische und epistemologische Perspektiven. Frankfurt/M.

Bergson, Henri 1921: Schöpferische Entwicklung. Übers. v. G. Kantorowicz. Jena.

Bertalanffy, Ludwig von 1932: Theoretische Biologie. Bd. 1: Allgemeine Theorie, Physikochemie, Aufbau und Entwicklung des Organismus. Berlin.

Betz, Otto 2001: Du hast Engel um Dich. Kleine Lehre des guten Lebens nach Rainer Maria Rilke. Münsterschwarzach.

Bollnow, Otto Friedrich 1970: Philosophie der Erkenntnis. Stuttgart.

Briggs, John / Peat, F. David [7]2001. Die Entdeckung des Chaos. Eine Reise durch die Chaos-Theorie. München.

Brisch, Karl Heinz [3]2000: Bindungsstörungen. Stuttgart.

Bullinger, Hermann / Nowak, Jürgen 1998: Soziale Netzwerkarbeit. Eine Einführung. Freiburg/Br.

Campbell, Joseph 1999: Der Heros in tausend Gestalten. Frankfurt/M., Leipzig.

Caplan, Gerald 1964: Principles of preventive psychiatry. New York.

Corning, Peter A. 1985: Synergy and the Evolution of complex Systems. Vortrag.

Coveney, Peter / Highfield, Roger 1994: Anti-Chaos. Der Pfeil der Zeit in der Selbstorganisation des Lebens. Reinbek bei Hamburg.

Cranach, Mario von 1990: Eigenaktivität, Geschichtlichkeit und Mehrstufigkeit. Eigenschaften sozialer Systeme als Ergebnis der Evolution der Welt. In: Witte, Erich H. (Hrsg.): Sozialpsychologie und Systemtheorie. Beiträge des 4. Hamburger Symposions zur Methodologie der Sozialpsychologie. Braunschweig. S.13-49.

Dahlke, Ruediger 1999: Lebenskrisen als Entwicklungschance. Zeiten des Umbruchs und ihre Krankheitsbilder. München.

Dante 1974: Die Göttliche Komödie. Insel TB. Frankfurt/M.

Dewe, Bernd / Wohlfahrt, Norbert (Hrgs.) 1991: Netzwerkförderung und soziale Arbeit. Empirische Analysen in ausgewählten Handlungs- und Politikfeldern. Bielefeld.

Die Bibel. Einheitsübersetzung 1991. Hrsg. im Auftrag der Bischöfe Deutschlands u.a. Stuttgart.

Dilthey, Wilhelm 1923: Gesammelte Schriften, Bd. 8, Leipzig-Berlin.

Eckensberger, Lutz H. 1998: Die Entwicklung des moralischen Urteils. In: Keller, Heidi (Hrsg.): Entwicklungspsychologie. Lehrbuch. Bern.

Eisler, Riane 1987: Von der Herrschaft zur Partnerschaft. Weibliches und männliches Prinzip in der Geschichte. München.

Erikson, Erik H. 1973: Identität und Lebenszyklus. Frankfurt/M.

Eschenbach, Wolfram von 2003; Parzival. Eine Auswahl. Neuhochdtsch. Übers. v. Wolfgang Mohr. Hrsg. v. Walter Schafarschik. Ditzingen.

Estés, Clarissa P. [7]1993: Die Wolfsfrau. München.

Fiala, Ernst 1988: Zyklen, Wellen, Phasensprünge. In: Hierholzer, Klaus / Wittmann, Heinz-Günter: Phasensprünge und Stetigkeit in der natürlichen Welt. Stuttgart, S. 65-97.

Fischer, Rudi (Hrsg.) 1991: Autopoiesis. Heidelberg.

Freud, Sigmund [13]1997: Vorlesungen zur Einführung in die Psychoanalyse und Neue Folge (Bd.1). Studienausgabe, 10 Bde. u. Erg.-Bd. Hrsg. v. Alexander Mitscherlich, Angela Richards, James Strachey u. a. Korr. Aufl. Frankfurt/M.

Freud, Sigmund [9]2004: Das Unbehagen der Kultur. Und andere kulturtheoretische Schriften. Frankfurt/M.

Fröhlich, Jürg 1988: Phasenumwandlungen: Statische und dynamische Aspekte. In: Hierholzer, Klaus / Wittmann, Heinz-Günter: Phasensprünge und Stetigkeit in der natürlichen Welt. Stuttgart, S. 189-223.

Fröschl, Monika 2000: Gesund-Sein. Integrative Gesund-Seins-Förderung als Ansatz für Pflege, Soziale Arbeit und Medizin. Stuttgart.

Foerster, Heinz von 1985: Sicht und Einsicht. Versuche zu einer operativen Erkenntnistheorie. Braunschweig.

GEOWISSEN Chaos und Kreativität. Nr. 2 vom 7.5.1990.

Glasersfeld, Ernst von 1997: Radikaler Konstruktivismus. Frankfurt/M.

Gleick, James 1990: Chaos – die Ordnung des Universums. München.

Golan, Naomi 1983: Krisenintervention. Strategien psychosozialer Hilfen. Freiburg/Br.

Grossberg, Lawrence 2000: What's going on? Cultural Studies und Popularkultur. Wien.

Gruber, Hans-Günter 2005: Ethisch denken und handeln. Grundzüge einer Ethik der Sozialen Arbeit. Stuttgart.

Haag, Günter 1997: Modelle zur Stabilisierung chaotischer Prozesse. In: Küppers, Günter (Hrsg.): Chaos und Ordnung. Formen der Selbstorganisation in Natur und Gesellschaft. Stuttgart. S. 229-256.

Hampel, Rebecca 2005: Welche Folgen hat Alkoholabhängigkeit für alle Familienagehörigen? Unveröffentlichte Diplomarbeit, Kath. Stiftungsfachhochschule München.

Haken, Hermann 1995: Erfolgsgeheimnisse der Natur. Synergetik: Die Lehre vom Zusammenwirken. Reinbek bei Hamburg.

Haken, Hermann 1997: Der Synergetische Computer. In: Küppers, Günter (Hrsg.): Chaos und Ordnung. Formen der Selbstorganisation in Natur und Gesellschaft. Stuttgart. S. 176-199.

Hasselbach, Ingo / Bonengel Winfried 1993: Die Abrechnung. Ein Neonazi steigt aus. Berlin, Weimar.

Heiden, Uwe an der 1997: Chaos und Ordnung. Neue Sicht alter Probleme. In: Witte, Erich H. (Hrsg.): Sozialpsychologie und Systemtheorie. Beiträge des 4. Hamburger Symposions zur Methodologie der Sozialpsychologie. Braunschweig. S. 97-121.

Hermann, Kai / Rieck, Horst [27]1988: Christiane F. Wir Kinder vom Bahnhof Zoo. Hamburg.

Herriger, Norbert [2]2002: Empowerment in der Sozialen Arbeit. Überarb. Aufl. Stuttgart u.a.

Herzberg, Frederick,/ Mausner, Bernhard 1993: The motivation to work. New York.

Hierholzer, Klaus / Wittmann, Heinz-Günter 1988: Phasensprünge und Stetigkeit in der natürlichen Welt. Stuttgart.

Hollstein-Brinkmann, Heino / Staub-Bernasconi, Silvia (Hrsg.) 2005: Systemtheorien im Vergleich. Was leisten Systemtheorien für die Soziale Arbeit? Versuch eines Dialogs. Wiesbaden.

Holzkamp, Klaus 1985: Grundlegung der Psychologie. Frankfurt/M., New York.

Hosemann, Wilfried / Geiling, Wolfgang 2005: Einführung in die systemische Soziale Arbeit. Freiburg/Br.

Hüther, Gerald 2004: Bedienungsanleitung für ein menschliches Gehirn. Göttingen.

Jantsch, Erich 1982: Die Selbstorganisation des Universums. München.

Jensen, Stefan 1999: Erkenntnis – Konstruktivismus – Systemtheorie. Einführung in die Philosophie der Konstruktivistischen Wissenschaft. Opladen, Wiesbaden.

Jung, Carl Gustav [7]1995: Gesammelte Werke, Band 8. Die Dynamik des Unbewußten. Hrsg. v. Marianne Niehus-Jung, Lena Hurwitz-Eisner, Franz Riklin u. a. Olten.

Kegan, Robert [3]1994: Die Entwicklungsstufen des Selbst. München.

Kerényi, Karl 1966: Die Mythologie der Griechen. Bd. I und II. München.

Kleve, Heiko 1996: Konstruktivismus und Soziale Arbeit. Aachen.

Klingenberger, Hubert 2003: Lebensmutig. Vergangenes erinnern, Gegenwärtiges entdecken, Künftiges entwerfen. München.

Kohlberg, Lawrence 1996. Die Psychologie der Moralentwicklung. Frankfurt/M.

König, Eckard / Volmer, Gerda 2004: Systemisch denken und handeln. Personale Systemtheorie in Erwachsenenbildung und Organisationsberatung. Weinheim, Basel.

Kriz, Jürgen [2]1998: Chaos, Angst und Ordnung. Göttingen.

Kriz, Jürgen 1999: Systemtheorie für Psychotherapeuten, Psychologen und Mediziner. Wien.

Kruse, Gunther / Körkel, Joachim / Schmalz, Ulla 2000: Alkoholabhängigkeit erkennen und behandeln. Bonn.

Kübler-Ross, Elisabeth 1969: On Death an Dying. New York.

Kübler-Ross, Elisabeth 1978: Interviews mit Sterbenden. Gütersloh.

Küppers, Günter (Hrsg.) 1997a: Chaos und Ordnung. Formen der Selbstorganisation in Natur und Gesellschaft. Stuttgart.

Küppers, Günter 1997b: Selbstorganisation: Selektion durch Schließung. In: Küppers, Günter (Hrsg.): Chaos und Ordnung. Formen der Selbstorganisation in Natur und Gesellschaft. Stuttgart. S. 122-148.

Küppers, Günter 1997c: Chaos: Unordnung im Reich der Gesetze. In: Küppers, Günter (Hrsg.): Chaos und Ordnung. Formen der Selbstorganisation in Natur und Gesellschaft. Stuttgart. S. 149-175.

Küppers, Günter / Paslack, Rainer 1997: Die natürlichen Ursachen von Ordnung und Organisation. In: Küppers, Günter (Hrsg.): Chaos und Ordnung. Formen der Selbstorganisation in Natur und Gesellschaft. Stuttgart. S. 44-60.

Kuiper, Piet C. [7]2002: Seelenfinsternis. Die Depression eines Psychiaters. Frankfurt/M.

Laireiter, Anton (Hrgs.) 1993: Soziales Netzwerk und soziale Unterstützung. Bern u.a.

Laszlo, Ervin 2003: Macroshift. Die Herausforderung. Frankfurt/M., Leipzig.

Lenk, Hans 1966: Maximale Leistung trotz inneren Konflikten. Eine Gegenthese zu einem funktionalistischen Allsatz. In: Lüschen, Günther (Hrsg.): Kleingruppenforschung und Gruppe im Sport. Sonderheft 10 der Kölner Zeitschrift für Soziologie und Sozialpsychologie. Köln und Opladen. S. 168-172.

Lewin, Roger 1993: Die Komplexitätstheorie. Wissenschaft nach der Chaosforschung. Hamburg.

Löcherbach, Peter / Klug, Wolfgang / Remmel-Faßbender, Ruth / Wendt, Wolf-Rainer 2002: Case Management. Fall- und Systemsteuerung in Theorie und Praxis. Neuwied, Kriftel.

Loevinger, Jane 1977: Zur Bedeutung und Messung von Ich-Entwicklung. In: Döbert, Rainer u.a. (Hrsg.): Entwicklung des Ichs. Gütersloh. S. 150-168.

Loistl Otto / Betz, Iro ^{3}1996: Chaostheorie. Zur Theorie nichtlinearer dynamischer Systeme. München, Wien.

Ludewig, Kurt ^{4}1997: Systemische Therapie. Stuttgart.

Lübbe, Hermann 1987: Zeit-Erfahrung als Faktor kultureller Evolution. In: Hierholzer, Klaus / Wittmann, Heinz-Günter: Phasensprünge und Stetigkeit in der natürlichen Welt. Stuttgart. S. 238-303.

Luhmann, Niklas 1971: Sinn als Grundbegriff der Soziologie. In: Habermas, Jürgen / Luhmann, Niklas: Theorie der Gesellschaft und Sozialtechnologie – Was leistet die Systemforschung? Frankfurt/M. S. 25-100.

Luhmann, Niklas 1985: Soziale Systeme. Frankfurt/M.

Luhmann, Niklas 1990: Soziologische Aufklärung 5. Konstruktivistische Perspektiven. Opladen.

Luhmann, Niklas 1995: Die Soziologie und der Mensch. Soziologische Aufklärung 6. Opladen.

Lutter, Christina / Reisenleitner, Markus ^{3}2001: Cultural Studies. Eine Einführung. Wien.

Maslow, Abraham H. ^{9}2002 (1954): Motivation und Persönlichkeit. Reinbek bei Hamburg.

Maturana, Humberto R., Varela, Francisco J. ^{2}1991: Der Baum der Erkenntnis. Bern, München.

Maturana, Humberto R. / Pörksen, Bernhard 2002: Vom Sein zum Tun. Die Ursprünge der Biologie des Erkennens. Heidelberg.

Mayr-Kleffel, Verena 1991: Frauen und ihre sozialen Netzwerke. Opladen.

Mayntz, Renate 1988: Soziale Diskontinuitäten: Erscheinungsformen und Ursachen. In: Hierholzer, Klaus / Wittmann, Heinz-Günter: Phasensprünge und Stetigkeit in der natürlichen Welt. Stuttgart, S.15-37.

Meier, Heinrich (Hrsg.) ^{3}1992: Die Herausforderung der Evolutionsbiologie. München.

Merten, Roland (Hrsg.) 2000: Systemtheorie Sozialer Arbeit. Neue Anätze und veränderte Perspektiven. Opladen.

Miller, Tilly 2000: Kompetenzen – Fähigkeiten – Ressourcen: Eine Begriffsbestimmung. In: Miller, Tilly / Pankofer, Sabine: Empowerment konkret. Stuttgart, S. 23-32.

Miller, Tilly ²2001: Systemtheorie und Soziale Arbeit. Überarb. und erw. Aufl. Stuttgart.

Miller, Tilly / Pankofer, Sabine 2000: Empowerment konkret. Handlungsentwürfe und Reflexionen aus der psychosozialen Praxis. Stuttgart.

Miller, Tilly 2006: Innere Anker: Ästhetische Bildung zwischen Selbsttätigkeit und Kunstorientierung. In: Zeitschrift Erwachsenenbildung, 52. Jg., Heft 2, S. 58-62.

Mocek, Reinhard 1997: Ganzheit und Selbstorganisation: Auf den Spuren eines biologischen Grundproblems. In: Küppers, Günter (Hrsg.): Chaos und Ordnung. Formen der Selbstorganisation in Natur und Gesellschaft. Stuttgart. S. 61-96.

Morris, Richard 2002: Darwins Erbe. Der Kampf um die Evolution. Hamburg, Wien.

Müller, Moira ²2003: Ich hatte Anorexie. Stuttgart.

Neuberger, Oswald 1974: Theorien der Arbeitszufriedenheit. Stuttgart.

Paslack, Rainer 1997: Vom Mythos zum Logos: Chaos und Selbstorganisation bei den Griechen. In: Küppers, Günter (Hrsg.): Chaos und Ordnung. Formen der Selbstorganisation in Natur und Gesellschaft. Stuttgart. S. 28-43.

Peitgen, Heinz-Otto / Jürgens, Hartmut / Saupe, Dietmar 1998: Chaos. Bausteine der Ordnung. Reinbek bei Hamburg.

Piaget, Jean 2003: Meine Theorie der geistigen Entwicklung. Hrsg. von Reinhard Fatke. Weinheim u.a.

Pfeifer-Schaupp, Hans-Ulrich 1995: Jenseits der Familientherapie. Systemische Konzepte in der Sozialen Arbeit. Freiburg/Br.

Prigogine, Ilya. ⁴1985: Vom Sein zum Werden. Überarb. u. erw. Aufl. München.

Prigogine, Ilya 1986: Dialektik im Gespräch. Interview mit Ilya Prigogine. In: Altner, Günter (Hrsg.): Die Welt als offenes System. Eine Kontroverse um das Werk von Ilya Prigogine. Frankfurt/M. S. 172-187.

Prigogine Ilya 1998: Die Gesetze des Chaos. Frankfurt/M., Leipzig.

Prigogine, Ilya / Stengers, Isabelle 1981: Theorie der Lebensformen. Frankfurt/M.

Riedl, Rupert 1982: Evolution und Erkenntnis. München.

Riedl, Rupert / Delpos, Manuela (Hrsg.) 1996: Die Ursachen des Wachstums. Unsere Chancen zur Umkehr. Wien.

Rogers, Carl R. 1959: A theory of therapy, personality, and interpersonal relationsship as developed in the client centered framework. In: Koch, S. (Hrsg.): Psychology: a study of a science. Vol. III: Formulations of the person and the social context. New York.

Rogers, Carl R. 1994: Die nicht-direktive Beratung. Frankfurt.

Rohloff, Andrea 2003: Die Schneejungfrau. Mein Jahr im türkischen Gefängnis. Berlin.

Rosenstiel, Lutz von ³1992: Grundlagen der Organisationspsychologie. Überarb. u. ergänzte Aufl. Stuttgart.

Roth, Gerhard ⁶1994: Autopoiese und Kognition. Die Theorie H. R. Maturanas und die Notwendigkeit ihrer Weiterentwicklung. In: Schmidt, Siegfried (Hrsg.): Der Diskurs des Radikalen Konstruktivismus. Frankfurt/M.

Roth, Gerhard 1997: Das Gehirn und seine Wirklichkeit. Frankfurt/M.

Roth, Gerhard 2003: Fühlen, Denken, Handeln. Frankfurt/M.

Roth, Johannes 2000: Ich weiss doch nicht, wie Sterben geht. Tagebuch einer Sterbebegleitung. Gütersloh.

Ruhe, Hans G. ²2003: Methoden der Biografiearbeit. Lebensspuren entdecken und verstehen. Neu ausgest. u. korr. Aufl. Weinheim, Basel.

Satir, Virginia ¹²1996: Selbstwert und Kommunikation. Familientherapie für Berater und zur Selbsthilfe. München.

Schaffer, Hanne 2002: Empirische Sozialforschung für die Soziale Arbeit. Freiburg/Br.

Schmidt, Siegfried (Hrsg.) ⁶1994: Der Diskurs des Radikalen Konstruktivismus. Frankfurt/M.

Schlippe, Arist von / Schweitzer, Jochen ⁸2002: Lehrbuch der systemischen Therapie und Beratung. Göttingen, Zürich.

Schmidbauer, Wolfgang 2004: Hilflose Helfer. Über die seelische Problematik der helfenden Berufe. Überarb. u. erw. Neuausgabe. Reinbek bei Hamburg.

Schmidt, Siegfried J. (Hrsg.) ⁶1994: Der Diskurs des Radikalen Konstruktivismus. Frankfurt/M.

Schulze, Gerhard ²2005: Die Erlebnisgesellschaft. Frankfurt, New York.

Siebert, Horst ²1996: Didaktisches Handeln in der Erwachsenenbildung. Didaktik aus konstruktivistischer Sicht. Neuwied u.a.

Singer, Wolf 2002: Der Beobachter im Gehirn, Frankfurt.

Spitzer, Manfred 2003: Lernen. Gehirnforschung und die Schule des Lebens. Korr. Nachdruck. Heidelberg, Berlin.

Stadler, Michael / Kruse, Peter / Carmesin, Hans Otto 1997: Erleben und Verhalten in der Polarität von Chaos und Ordnung. In: Küppers, Günter (Hrsg.): Chaos und Ordnung. Formen der Selbstorganisation in Natur und Gesellschaft. Stuttgart. S. 323-352.

Stephan, Achim ²2005: Emergenz: Von der Unvorhersagbarkeit zur Selbstorganisation. Dresden.

Stierlin, Helm 2001: Psychoanalyse, Familientherapie, systemische Therapie. Stuttgart.

Troitzsch, Klaus G. 1997: Individuelle Einstellungen und kollektives Verhalten. In: Küppers, Günter (Hrsg.): Chaos und Ordnung. Formen der Selbstorganisation in Natur und Gesellschaft. Stuttgart. S. 200-228.

Varela, Francisco J. ⁶1994: Autonomie und Autopoiese. In: Schmidt, Siegfried J. (Hrsg.): Der Diskurs des Radikalen Konstruktivismus. Frankfurt/M. S. 119-132.

Wägenbaur, Thomas (Hrsg.) 2000: Blinde Emergenz? Interdisziplinäre Beiträge zu Fragen kultureller Evolution. München und Cambridge/Mass.

Watzlawick, Paul ⁸1981: Wie wirklich ist die Wirklichkeit? Wahn, Täuschung, Verstehen. München.

Watzlawick, Paul (Hrsg.) 1991: Die erfundene Wirklichkeit. Wie wissen wir, was wir zu wissen glauben? Beiträge zum Konstruktivismus. München.

Weber, Susanne (Hrsg.) 2001: Netzwerkentwicklung in der Jugendberufshilfe. Erfahrungen mit Institutioneller Vernetzung im ländlichen Raum. Opladen.

Wehr, Marco 2002: Der Schmetterlingsdefekt. Turbulenzen in der Chaostheorie. Stuttgart.

Weinreb, Friedrich o.J.: Das Jüdische Passahmal und was dabei von der Erlösung erzählt wird. München.

Wendt, Wolf Rainer (Hrsg.) 1991: Unterstützung fallweise. Case Management in der Sozialarbeit. Freiburg/Br.

Wirtz, Ursula / Zöbeli, Jürg 1995: Hunger nach Sinn. Zürich.

Witte, Erich H. (Hrsg.) 1990a: Sozialpsychologie und Systemtheorie. Beiträge des 4. Hamburger Symposions zur Methodologie der Sozialpsychologie. Braunschweig.

Witte, Erich H. 1990b: Zur Theorie sozialer Systeme und ihre Verwendung in Soziologie und Sozialpsychologie: Ein klassisches Beispiel, moderne Begriffsbildungen und abzuleitende Konsequenzen. In: Witte, Erich H. (Hrsg.): Sozialpsychologie und Systemtheorie. Beiträge des 4. Hamburger Symposions zur Methodologie der Sozialpsychologie. Braunschweig. S.145-166.

Yalom, Irvin D. 1990: Die Liebe und ihr Henker & andere Geschichten aus der Psychotherapie. München.

Ziegler, Gismar / Gemeinhardt, Andreas 1989: Konzepte und Modell zur Krankheitsverarbeitung. In: Ziegler, Gismar / Jäger, Reinhold S. / Schüle, Iris (Hrsg.): Krankheitsverarbeitung bei Tumorpatienten. Stuttgart, S. 39-75.

Autorin

Dr. Tilly Miller ist seit 1990 Professorin für Sozialarbeit/Sozialpädagogik und Politikwissenschaft an der Kath. Stiftungsfachhochschule München. Arbeitsschwerpunkte sind: Wissenschaft der Sozialen Arbeit, Erkenntnistheorien mit Schwerpunkt Systemtheorien; die Leitung des Studienschwerpunktes Erwachsenenbildung sowie des Theaterpädagogischen Zentrums.

Autorin mehrerer Bücher. Im Lucius & Lucius Verlag erschienen ist u.a. ihr Buch „Systemtheorie und Soziale Arbeit. Entwurf einer Handlungstheorie. 2. überarb. u. erw. Aufl. 2001.

Bei Fragen zur Produktsicherheit wenden Sie sich bitte an:
If you have any questions regarding product safety,
please contact:

Walter de Gruyter GmbH
Genthiner Straße 13
10785 Berlin
productsafety@degruyterbrill.com